나는 왜 걱정이 많을까

나는 왜 걱정이 많을까

데이비드 카보넬 지음 | 유숙열 옮김

사우

"과도한 걱정이 삶의 질을 위협한다면 이 책을 읽어봐야 할 것이다. 카보넬 박사는 걱정을 없애려는 오래된 전략이 왜 잘 안 듣는지, 왜 걱정을 없애려는 노력이 늘 실패하고 마는지를 설명한다. 이 책에서 카보넬 박사는 전혀 새롭고 놀라울 정도로 효과적인 전략을 가르쳐준다. 카보넬 박사는 이해하기 쉬우면서도 유머 감각을 발휘해 재미있게 글을 쓴다. 나는 이 책을 읽으면서 귀중한 치료요법이나 통찰력을 제시하는 부분에 표시를 해놓았다. 또한 나를 웃게 만든 대목에도 표시를 해놓았다. 만약 걱정이 당신의 삶에 영향을 미친다면, 이 책에 제시된 해결책(재미도 함께)을 놓치지 마시라."
―닐 사이드맨(불안증 회복기에 있는 사람들을 위한 코치. 미국 불안·우울증협회 (ADAA) 회원, 전 ADAA 공공교육위원회 공동의장)

"드디어 걱정이 많아 나를 찾아오는 내담자들에게 도움이 될 만한 책을 추천할 수 있게 되었다. 나는 이 책이 만성적 걱정으로 고생하는 이들에게 도움이 된다고 확신한다. 많은 내담자들이 끊임없이 걱정을 한다. 나는 그들을 도울 방법을 찾아 헤맸지만 소용이 없었다. 이제 카보넬 박사가 나와 내담자들이 찾던 책을 제공해주었다. 걱정을 다루는 요령과 아이디어로 가득한 보물 상자를 준 것이다. 이 책은 대단히 읽기 쉽고 유용하다. 나는 내담자들에게 앞으로 이 책을 추천할 것이다."

─ 로버트 W. 매클레란 박사(불안·공황장애치료센터 창립자 겸 소장)

"이 책은 내가 읽은 걱정에 관한 책 중 최고다. 이 책에는 만성적이고 고통스럽고 지독한 걱정을 끝장내기 위해 필요한 모든 것이 담겨 있다. 카보넬 박사는 왜 당신이 아직까지 걱정을 싸안고 힘들어하고 있는지를 위트 있고 간단명료하게 설명한다. 당신이 걱정을 없애려고 열심히 노력할 때조차 당신의 뇌가 어떻게 걱정을 생생하게 살아 있게 하는지 종합적으로 설명해준다. 당신이 걱정이 많은 사람이라면, 사랑하는 사람이 걱정이 많은 사람이라면, 혹은 당신이 걱정 많은 내담자를 치유하는 전문가라면 이 책을 읽어보라. 이 책은 흠잡을 데 없는 지침서이다.

─ 마틴 사이프 박사(미국 불안·우울증협회 창립자, 화이트플레인즈병원 불안공포증치료센터 부소장)

"통제할 수 없는 걱정, 불안과 싸우고 있는 사람들을 위하여 이렇게 보석 같은 책을 써준 저자에게 감사드린다. 만성적 걱정으로 고생하고 있는 사람들에게 이 문제는 매우 심각하고 중대해서 즉각적으로 대처해야 한다. 걱정으로부터 자유로워지는 열쇠는 걱정과 올바르게 관계 맺는 법을 배우는 것이다. 이 놀라운 책은 독자들에게 단순하고 실천하기 쉬운 방법을 제공한다. 나는 불편하고 통제할 수 없는 걱정과 싸우고 있는 모든 내담자들에게 이 책을 추천할 것이다."

— 데브라 키센 박사(불안치료센터 임상 디렉터)

"당신은 걱정 문제로 고민을 해본 적이 있는가? 이 책에서 저자는 걱정을 인격체로 바꾸어 설명해준다. 덕분에 독자는 무엇이 문제인지, 어떻게 해야 변화가 가능한지 쉽게 알 수 있다. 카보넬 박사는 생생한 유머 감각으로 선명한 이미지와 비유를 제시하며, 독자들이 걱정을 이해하고 걱정과의 관계를 변화시키도록 돕는다. 최고 실적을 내고자 하는 운동선수, 공연예술가, 기업 임원진과 상담할 때 나는 자주 공연 불안증 문제를 다룬다. 이 책을 읽은 후 내담자들과 함께 책에서 제시한 많은 개념을 활용하기 시작했다. 놀라운 변화에 나도 그들도 놀라고 있다."

— 케이트 F. 헤이스, 박사(캐나다 퍼포밍에지(Performing Edge) 창립자이자 스포츠·운동·공연심리협회 전 회장)

"이 책은 걱정과 불안에 대한 최신 심리요법(인지행동치료와 수용전념치료)을 자세하게 알려준다. 저자는 풍부한 은유를 동원해 소화하기 쉽게 어려운 개념을 설명해준다. 덕분에 독자는 생소한 개념을 마음속에 선명하게 그릴 수 있다. 이 책은 만성적인 걱정으로 고생하는 사람들은 물론 그들을 치료하기 위해 연구하는 사람들에게도 큰 도움을 준다."

"이 책은 전문적인 내용을 담고 있지만 어려운 심리학 용어를 최
소화하고 걱정이 일어나는 과정과 치유법을 매우 쉽게 설명해주
고 있다. 이 책은 꼼꼼한 성격 때문에 가끔 걱정에 빠지는 이들부
터 강박신경증(OCD)이나 일반적 불안장애(GAD)를 앓고 있어 만성
적으로 불안한 사람까지 모든 이들에게 도움이 될 것이다. 이 책은
충만한 열정과 놀라운 유머 감각, 매력적인 대화체 스타일로 쓰여
있다. 저자는 탁월한 비유와 은유를 사용하여 과학에 근거한 심리
학 개념과 치유요법을 단순하고 생생하게 전달해준다.

이 책에는 수십 년 동안 불안과 걱정으로 고생하는 사람들을 치
유해온 임상 경험이 녹아 있다. 이 책은 불안장애에 대한 전통적인
인지행동치료(CBT)와 수용에 근거한 최신 치료법 사이의 차이를
메워준다. 수백 명 내담자들에게 이 책을 추천할 것이다."

"카보넬 박사의 걱정에 대한 이론과 방법론은 불안한 고객들을
치유하고 있는 나에게 큰 영향을 미쳤다. 그의 위트 있고 현명한

접근법은 심리치료사가 제자리걸음을 하는 함정을 피하면서 즉시 적용할 수 있는 특별한 방법이다."

"나는 우리 센터의 모든 환자들에게 이 책을 추천할 것이다. 저자는 이 책에서 도움이 되는 구체적 정보와 실제적인 전략을 제공하고 있다. 내담자가 진료실에서 그와 직접 만나 상담하는 과정과 같다. 그의 접근법은 분명하고 다정하며 현 추세를 반영하고 있다.

이 책을 읽으면 불안한 마음이 어떻게 작동하는지, 어떻게 걱정으로부터 해방될 수 있는지 알게 된다. 이 책은 걱정하는 마음의 복잡한 구조를 상세히 살펴보도록 해주는 유용한 안내서이다."

"데이브 박사는 걱정에 대해서 누구보다 많이 연구해온 전문가다. 그는 걱정의 본질을 파악하고, 전혀 새로운 방법을 제안한다. 걱정에 대처하는 법을 배우고 싶은가? 걱정거리에 대처해야 하는 환자들을 돕고 싶은가? 이 책을 읽으시라. 만성적 걱정애서 벗어나 다시 미소 짓고 웃으면서 살고 싶은가? 저자가 조언한 지침을 따르라."

차례

변화의 여정을 함께할 든든한 지원군

세상에서 제일 힘든 일이 생각을 바꾸는 거다. 특히 걱정을 긍정적 생각으로 바꾸는 것은, 거의 불가능에 가깝다. 우리는 쉽게 말한다. "걱정하지 마라, 비관적인 생각 하지 마라"라고. 말처럼 되면 얼마나 좋을까. 실제로 이 말을 듣는 사람은 백이면 백, 더 괴로워지게 마련이다. '누군들 몰라서 그렇게 안 하나!' 하고 억울한 마음만 생긴다. 더 나쁘게는 '나는 왜 이 모양일까?' 하고 자신을 비난하게 된다.

인간은 걱정하는 존재다. 걱정은 인간의 본성이고, 인간 본질의 필수 구성 요소다. 그래서 걱정을 몰아내기 위한 싸움의 결과는, 언제나 패배일 수밖에 없다. 지금이라도 늦지 않았다. 더 이상 걱정과 싸우려 들지 마라. 걱정을 인정하고, 걱정을 받아들여야 한다. 걱정은 떨쳐버릴 수 있는 것이 아니다. 뇌는 걱정을 만들어내는 기계다. 본래 기능이 그렇다. 걱정을 완전히 없애겠다는 것은, 뇌의 작동을 멈추겠다는 것과 다를 바 없다.

이제 우리는 모두 알게 되었다. 생각을 바꾸거나, 생각의 오류를 교정하는 것만으로 만성적인 걱정을 떨쳐버릴 수 없다는 것을. 수많은 연구 결과와 지금까지 누적된 임상 경험이 이를 증명하고 있다. 걱정과 싸우느라 정신력을 낭비해서는 안 된다. 마음 다스리는 방법을 찾겠다고 여기저기 기웃거리며 시간과 에너지를 낭비하지 마라. 원리는 똑같다. 다만, 어떻게 하면 그것을 쉽게 실천할 수 있도록 도와주느냐, 하는 것이 중요하다.

좋은 심리학 서적은 대체로 두 가지 요소를 갖고 있다. 무엇보다, 쉬워야 한다. 읽기 쉽고, 이해하기 쉬워야 한다. 받아들이고 인정하는 것이 심리치료의 핵심인데, 그것을 가르치는 책이 읽기 어렵고 난해하다면… 그냥 덮어둬라.

두 번째 기준은, 읽으면서 보여야 한다는 것이다. 이렇게 해라, 저렇게 해라 강요하는 것이 아니라, '이렇게 하는 거구나' 하고 손에 잡힐 듯 보여야 한다. 어디로 가야 하는지, 어떻게 하면 되는지, 그렇게 하면 나란 사람이 어떻게 바뀔지 생생하게 보여주어야 좋은 책이다. 데이비드 카보넬 박사의 《나는 왜 걱정이 많을까》는 그런 책 중 하나다. 세상에 이 두 가지 기준을 모두 만족시키는 책은, 사실 그리 많지 않다.

이 책은 걱정을 없애라, 는 잘못된 가르침에서 벗어나 '걱정과 제대로 관계 맺는 법'을 가르쳐준다. 걱정과 싸우느라 힘을 빼는 일은 그만 멈추고, 삶에서 진정으로 소중한 것에 몰두하라고 한다.

하지만 걱정을 친구 삼아, 인생을 제대로 살아낸다는 것이 말처럼 쉬운 일이 아니다. 혼자 투생하기에는 넘어야 할 산이 만만치 않다. 그 길에는 친절한 동반자가 필요하다. 그래서 우리에게는 사랑하는 가족, 나를 믿어주는 친구, 훌륭한 선생님이 필요하다. 누군가에게는 제대로 된 책 한 권이 그 역할을 대신해주기도 한다. 제대로 만들어진, 제대로 된 책이라면 그 역할을 충분히 대신할 수 있다. 오랜만에 그런 책 한 권이 세상에 나왔다.

— 김병수(정신과 전문의)

이 책을 소개하게 되어 대단히 기쁘다. 처음 이 원고를 보고는 너무 흥분해서 인쇄 전인데도 내 환자들과 내가 아는 모든 테라피스트에게 추천하고 싶었다. 다양한 심리학 도서가 꾸준히 나오고 있지만, 이 책은 특별하다. 이 책은 급진적이면서 독창적이다. 책 속에 작은 보석들이 촘촘하다. 카보넬 박사는 우리가 오랫동안 믿어온 사고와 습관을 바꾸게 만든다.

게다가 이 책은 재미있다. 누가 걱정에 관한 책이 재미있으리라고 기대하겠는가? 독자는 어리석은 걱정 시나리오와 사람들의 사고가 전개되는 과정을 읽으면서 잔잔히 미소 짓게 된다. 또한 저자는 어떻게 걱정의 고리에서 벗어날 수 있는지를 이해하기 쉽게 설명한다.

누가 이 책을 읽어야 할까? 너무 많이 걱정하는 사람들, 걱정이 많은 사람에 대해 걱정하는 사람들, 걱정하는 사람을 사랑하는 사람들, 걱정하는 사람을 치료하거나 대면하는 사람들이다. 이 책은 심리학 도서를 읽어야겠다는 생각을 해본 적이 없는 사람들을 위한 책이다. 또한 머리맡 탁자에 심리학 도서를 쌓아놓고 사는 사람들을 위한 책이기도 하다. 심리치료를 한번도 받아본 적이 없는 사람을 위한 책이기도 하지만, 현재 치료를 받고 있는 사람을 위한 책이기도 하며, 심리치료를 받고 실망한 사람들을 위한 책이기도 하다. 심지어 인지행동치료와 약물치료 둘 다에서 도움을 받은 사람도 이 책에서 새로운 내용을 발견하고 해방감을 느낄 것이다.

심리치료 역사를 보면 걱정에 대한 많은 접근법이 오래 전부터 있었다. 모두 당대의 심리학 이론에서 파생한 방법론이다. 수십 년 동안 걱정에 대한 심리치료는, 사람들이 '왜' 걱정하고 불안해하는지 원인을 찾아내어 걱정이 사라지게 만드는 방식이었다. 그러나 이 방법으로 자기 자신에 관해서는 많이 파악하게 됐지만 걱정 자체는 조금도 수그러들지 않고 지속됐다. 또 다른 심리치료 학파는 걱정이 기본적으로 부정적이고 불합리한 생각이므로, 그것을 합리적이고 긍정적인 생각으로 바꾸면 걱정이 없어진다고 제안했다.

물론 사람들은 '긍정적으로' 생각해야 한다는 것을 안다. 하지만 걱정이 슬그머니 기어 올라와 계속 삶을 고통스럽게 만들곤 한다. 그러면 자신이 무언가 잘못된 것 같아 더욱 걱정한다. 그렇게 끝없이 머릿속에서 논쟁을 하는 동안에 자신의 내면에서 들리는 조언에 귀 기울일 수 없게 된다.

카보넬 박사는 걱정에 대한 문제를 다루는 데 있어 완전히 다른 방법을 제안한다. 이제까지 해왔듯이 걱정에 대해 분석하거나 없애려고 노력하는 것이 아니라 우리가 걱정과 맺는 '관계'를 바꿔야 한다고 말한다. 그리하여 걱정으로 인한 고통을 최대한 줄이도록 안내한다. 그는 싸우기를 거부함으로써 내면의 싸움에 끝을 낸다. 그리고 태도가 달라지면 감정이 어떻게 달라지는지를 잘 보여준다. 이 책을 차근차근 읽어나가다 보면 자연스럽게 걱정을 바라보는 새로운 태도와 관점을 갖게 된다. 그것이 이 책이 갖고 있는 놀라운 매력이다.

카보넬 박사는 현명하면서도 독단적이지 않은 마음의 관찰자이다. 우리 모두 그의 가르침에서 도움을 받을 수 있다. 용기를 내어 이 책을 집어 드는 것이 첫걸음이다. 당신의 속도대로 여행을 하라. 당신은 이 책을 다 읽기도 전에 다른 사람에게 이 책을 추천하게 될 것이다.

― 샐리 윈스톤(임상심리학 박사)

머리말 | 걱정에 시달리지 않고 홀가분하게 사는 법

조는 가족들과 함께 저녁 식사를 하고 있다. 아이들은 잔뜩 들떠서 개학 첫날 학교에서 있었던 일을 이야기하고 있다. 조는 별로 말은 많이 하지 않지만 열심히 고개를 끄덕이며 대화에 적극적으로 참여하고 있는 듯이 보인다.

하지만 당신이 조의 머릿속을 엿볼 수 있다면 보이는 것과 다르다는 것을 알게 될 것이다. 조가 이 사람 저 사람을 쳐다보며 머리를 끄덕이고 있다 할지라도 그의 머릿속에는 가족들의 대화가 들어 있지 않다. 조는 가족들과 함께 앉아 있는 식사 자리에 집중하지 못하고 있다. 조의 마음은 다른 장소, 다른 시간에 대한 생각으로 가득하다.

'사장이 내일 돌아오면 마케팅 기획안을 보자고 할 텐데. 사장이 마음에 들어 하지 않으면 어쩌지? 수정해야겠다고 생각하면 어쩌냐? 나는 연봉도 많은데, 젊고 연봉도 적은 직원을 쓰는 게 낫겠다고 생각하면 어쩌냐고…?'

조는 갑자기 주위가 조용해졌다는 사실을 알아챈다. 가족들이 대화를 멈추고 일제히 그를 쳐다보고 있다. 조는 어리둥절한 표정으로 가족들 얼굴을 바라보며 묻는다.

"왜? 무슨 일 있어?"

"아빠! 버터 좀 달라고요! 두 번이나 얘기했어."

딸이 웃으면서 큰소리로 이렇게 말한다. 조는 서둘러 버터를 딸에게 전달해주고는 농담으로 상황을 마무리하려고 애쓴다. 순간 무거운 아내 표정을 보고는 새로운 걱정을 하기 시작한다.

'내가 회사 일로 걱정이 많다는 걸 아내가 눈치챘으면 어쩌지? 아내까지 걱정하게 만들고 싶지 않은데… 왜 나는 편하게 밥도 못 먹고 걱정을 하고 있는 거야?'

가족들이 애완견 얘기로 화제를 돌려 대화를 하는 동안 조는 다시 '내면세계'로 돌아와 다른 생각을 하기 시작한다.

'오늘 밤에는 잘 자야 할 텐데. 사장 만나기 전에 푹 자둬야 돼. 오늘 밤에도 숙면을 못 취하면 어떡하지?'

어떤 사람들은 아주 가끔, 인생에 중대한 문제가 생겼을 때 이처럼 앞일을 심하게 걱정한다. 하지만 조에게는 이런 일이 자주 있다. 직원회의 시간이나 상사와 면담을 하다가, 주말 오후 아내와 대화를 나누다가도 앞으로 있을 일을 미리 걱정하느라 그 순간에 집중을 못한다.

그렇다. 조는 걱정이 많은 사람이다. 하지만 주변 사람들은 그 사실을 모르고 있다. 사실 조는 주위 사람들에게 아주 쿨한 사람으로 알려져 있다. 그들은 이렇게 말한다.

"조는 어떤 일도 신경 쓰지 않아."

아니다. 다만 그렇게 보일 뿐, 내면은 전혀 그렇지 않다. 조는 자주 걱정에 휩싸이고, 그럴 때마다 그런 생각에서 벗어나려고 애를 쓴다. 비록 효과는 거의 없지만 말이다.

당신은 걱정과 어떤 '관계'인가

많은 사람들이 걱정을 하며 산다. 그리고 걱정 때문에 괴로워한다. 걱정이란 과연 무엇일까?

걱정은 단순히 미래에 안 좋은 일이 일어날 것이라는 생각과 상상일 뿐이다. 아무도 미래를 알 수 없다. 하지만 걱정은 미래를 알고 있는 것처럼 속삭인다. 미래에 아주 나쁜 일이 일어날 것이라고.

걱정은 파티에 초대 받지 않은 불청객 같다. 불청객은 마치 광신도처럼 자기주장을 해댄다. 불청객은 자기가 아주 중요하다고 생각하는 메시지를 전달한다. 그리고 경고한다. 경고하고 또 경고한다. 파티 분위기를 망치고 있어도, 자신의 경고를 듣고 싶어 하는 사람이 아무도 없어도 신경 쓰지 않는다. 이렇게 해야 사람들을 구제할 수 있다고 굳게 믿고 있기 때문이다.

어떤 사람도 걱정이 다가오는 것을 달가워하지 않는다. 또 그런 경고를 고마워하지도 않는다. 왜냐하면 사람들은 걱정이 과장되어 있고 현실적이지 않아 실제로 일어나지 않을 일이라는 것을 알기 때문이다. 그런데도 걱정을 떨쳐버리기란 쉽지 않다. 당신의 관심은 일상적인 일과 주변 세상에서 멀어지게 된다. 대신에 내면 세계에 빠져들어 안 좋은 일이 일어날 것이라고 자꾸 생각하게 된다. 이는 마치 운전자가 도로 상황에 집중하지 않고 사고현장을 쳐다보는 것과 흡사하다.

조는 걱정이 많아 괴롭다. 걱정은 삶의 즐거움을 앗아가고 여가 시간을 방해한다. 무엇보다 성공적인 인생을 살고 있음에도 불구하고 가짜처럼 느끼게 만든다.

이처럼 당신도 자주 원치 않는 걱정 때문에 신경이 쓰인다면 걱정에 대해 생각해봐야 하고, 당신이 걱정과 어떤 '관계'를 맺고 있는지 살펴봐야 한다. 이 책을 읽는 사람이라면 걱정에 대해 많은 생각을 해봤을 것이다. 그렇지만 당신이 걱정과 어떤 '관계'를 맺고 있다는 생각은 해보지 않았을 것이다. 당신은 이미 걱정과 관계를 맺고 있다.

당신과 걱정의 관계는 당신이 걱정을 얼마나 중요하게 생각하는지, 당신이 걱정을 어떻게 해석하는지, 신체적으로 심리적으로 어떻게 느끼는지, 걱정을 어떻게 대하는지, 걱정을 어떻게 처리하고자 하는지, 당신의 행동이 걱정에 어떤 영향을 미치는지에 따라 달라진다. 이 책을 통해 당신이 걱정과 어떤 관계를 맺고 있는지 알게 될 것이다. 그 과정에서 당신은 많이 달라질 것이다.

걱정은 속임수다

걱정과의 관계에서 가장 중요한 부분은 걱정이 어떻게 우리를 계속해서 속이는가이다. 만약 당신이 남들보다 더 자주 걱정을 한다면, 그리고 걱정으로 인해 더 많은 문제가 생긴다면, 당신과 걱정과의 관계에서 '걱정의 속임수(worry trick)'가 힘을 발휘한다는 의미다. 그로 인해 걱정이 끈덕지게 자리 잡고 있다는 얘기이다.

이 책은 '걱정의 속임수'를 식별하고 실생활에서 그 증거를 찾는 법을 알려줄 것이다. 그리고 걱정과 당신의 관계를 바꿔서 걱정이 생활에 미치는 영향을 줄여줄 것이다.

단순히 걱정이 너무 많아 일상생활이 불편한 사람이 있는가 하면, 불안장애(anxiety disorder)라는 더 큰 문제로 인해 힘들어 하는 사람도 있다. 이를테면 일반적인 불안장애, 공황장애(panic disorder), 사회공포증(social phobia), 특정 공포증(specific phobia), 또는 강박장애(obsessive compulsive disorder) 등이 해당된다. 내가 이 책에서 보여주는 방법은 독자가 스스로 자습하면서 사용할 수도 있고 심리치료사의 도움을 받으면서 사용할 수도 있다. 어느 방법을 택하느냐는 각자의 환경에 달려 있다.

조는 걱정을 없애기 위해 많은 노력을 기울였지만 성공하지 못했다. 가족과 친구들이 "걱정 좀 그만해라"라고 말할 때 기분이 많이 상했다. 그는 많은 시도를 했다. 생각하기를 멈추고, 바쁘게 몸을 움직이고, 기도도 하고, 명상도 하고, 식단을 개선하고, 운동을 하고, 영양보충제를 먹기도 하고, 아내에게 위로를 받기도 하고, 인터넷에서 확신을 얻기도 했다. 수도 없이 많은 해결책을 찾아 헤맸지만 그의 노력은 무위로 돌아갔다.

하지만 누구나 걱정이 삶에 미치는 파괴적인 영향을 줄일 수 있다. 걱정을 줄이기 위해 이런저런 노력을 해보고 좌절감을 느꼈다면 이 책에서 새로운 방법을 배울 수 있다.

이 책을 첫 페이지부터 읽기 시작해 메모도 하고 내가 제기한 질문에 대답도 하면서 편안한 속도로 전부 읽기를 권한다. 그동안 걱정과 투쟁하는 많은 내담자와 상담해보니 그렇게 하는 것이 실제로 많은 도움이 되었다. 어쩌면 빠른 결과를 얻으려고 속독하고 싶을지도 모른다. 절대 빨리 읽지 마시라.

냉동 피자를 먹으려고 보니 '400도에서 20분 동안 조리하시오'라는 문구가 있다고 하자. 정말로 배가 고프거나 참을성이 없는 사람이라면 '나는 800도에서 10분간 조리할 거야'라고 생각할지도 모른다. 정말 그렇게 하면 소방대원들이 다녀간 후에도 여전히 배가 고플 뿐이다. 서두르지 마라. 나는 당신이 배고픈 줄 안다. 그렇지만 냉동 피자를 먹으려면 시간이 필요하다.

1장

뇌는 어떻게
걱정을 만들어내는가

이 장에서는 '걱정의 속임수(worry trick)'에 대해 소개하고, 사람들이 문자 그대로 어떻게 걱정에 속아 넘어가는지 보여줄 것이다. 이것은 걱정이 당신의 인생에 미치는 영향을 줄이는 첫 번째 단계가 될 것이다. 많은 사람들에게 걱정은 잔소리 심한 오랜 동반자다. 걱정이 어떻게 사람들을 속이는지 알고 나면 쓸데없이 걱정하느라 평온한 일상을 망치는 일이 상당히 줄어들 것이다.

누구나 걱정을 적게 하면서 살고 싶어 한다. 내 상담실을 찾아오는 이들 중에 걱정을 많이 하고 싶어 한다거나 더 질 좋은 걱정을 하고 싶어 하는 사람은 한 사람도 없다.

왜 그럴까? 사람들은 왜 걱정이 전해주는 경고와 조언에 감사하지 않는 걸까? 도둑이 내 차를 훔치려고 할 때 이웃이 나에게 알려준다면 고마워할 것이다. 그 이웃에게 작으나마 보상도 해줄 수 있다. 그런데 왜 걱정이 알려주는 조언은 달가워하지 않는 것일까?

걱정을 없애려고 노력할수록
걱정이 더 심해지는 이유

사람들은 걱정이 찾아오는 것을 달가워하지 않는다. 새롭고 유용한 정보를 알려주는 경우가 거의 없기 때문이다. 대신에 걱정은 이미 알고 있는 잠재적인 문제나 실제로 일어날 가능성이 거의 없는 사건을 과장해서 경고한다. 마치 녹음기를 틀어놓은 듯이 반복해서. 걱정이 유용한 정보를 갖고 있는 경우는 거의 없다. 그러다 보니 사람들은 걱정을 고마워하지 않는다. 걱정은 새로운 정보가 아니라 계속되는 잔소리에 불과하다.

걱정이 뭔가 중요하고 쓸모 있는 정보를 갖고 있다면 아마 다들 걱정을 환영할 것이다. 걱정이 조금이라도 유용하다면 이 책을 읽을 필요가 없다. 어떤 일이 일어날지도 모른다는 걱정은 실제로 그 일이 발생할 가능성과 아무 상관이 없다. 한마디로 걱정은 개연성이 아니라 두려움에서 비롯된 것이다.

만일 걱정이 이웃이라면 이사를 가버리면 된다. 걱정이 회사 직원이라면 해고시키면 된다. 걱정이 라디오 방송사라면 채널을 돌려버리거나 라디오를 꺼버리면 된다.

그런데 우리 뇌에는 전원을 끄는 스위치가 없다. 걱정스러운 생각을 멈출 수 있는 간단한 방법이란 없다. 그 때문에 걱정이 우리를 속일 수 있는 것이다. 우리는 본능적으로 걱정을 멈추고 싶어 한다. 앵앵거리는 모기를 손바닥으로 탁 쳐서 때려잡듯이 걱정을 깨끗하게 처리할 수 있는 간단한 방법은 없다. 걱정은 매우 교묘하기 때문이다.

걱정을 멈추고자 하는 노력은 상황을 개선하기보다는 오히려 악화시키기 일쑤다.

걱정하는 습관은 바꿀 수 있다

그렇다고 해서 희망이 없는 것은 아니다. 걱정은 조정할 수 있는 문제다. 사람들이 걱정 때문에 그토록 괴로워하는 이유는 걱정이 사람들을 속이기 때문이다. 걱정하지 않으려고 애쓰는 것이 결국 문제를 더 심각하고 지속적으로 만들고 있는 것이다. 그것이 바로 걱정이 갖고 있는 속임수다. 앞으로 더 읽어나가면 충분히 이해가 될 것이다.

당신이 오랫동안 걱정하는 습관 때문에 괴로워했고, 해결책을 찾지 못했다면, 바로 그 이유 때문이다. 당신이 너무 유약하거나 멍청하거나 예민해서 문제가 되는 것이 아니다. 문제를 더 심각하고 만성적으로 만드는 방식으로 문제를 해결하도록 속아왔기 때문이다. 나는 당신이 그 속임수를 알아채고, 효과적으로 걱정을 다루도록 돕고자 한다.

나는 왜 자꾸
최악을 상상할까

여기서 속임수란, 어떤 '의심'이 생기면 그것을 '위험'으로 간주한다는 의미이다.

사람들은 앞으로 일어날 일을 알고 있는 듯이 행동한다. 나는 사무실을 나서면서 집에 전화를 걸어 몇 시에 집에 도착할 것이라고 말한다. 확실한 것처럼 말하지만 사실 누구도 확신할 수는 없지 않은가. 사무실을 나서는데 전화가 와서 길게 통화를 하게 될 수도 있고, 타이어에 구멍이 날 수도 있고, 도로가 엄청 막힐 수도 있다. 최악의 경우 복도에서 갑자기 쓰러져 죽을 수도 있는 일이다.

나는 평상시에 그러한 경우를 크게 신경 쓰지 않는다. 물론 그런 일이 있을 수 있다는 것을 알고 있다. 미래가 어떻게 전개될지 나로서는 알 수 없기 때문이다. 그렇지만 그런 의심이 나를 심하게 괴롭히지는 않는다. 나는 그저 오늘 하루를 살 뿐이다. 그런 일이 일어나면 그에 맞춰 대처하면 된다. 그것이 인생이다.

만일 그런 의심이 심각하게 일상을 방해한다면 다르게 대처해야 한다. 불확실한 미래에 대한 의심을 '불편함'이 아니라 '위험'의 신호로 받아들이는 사람들이 있다. 의심으로 인해 생기는 불편함을 위험으로 간주하도록 속임을 당하고 있을 때 당신은 원하지 않는 생각을 머릿속에서 떨쳐버리려고 애를 쓰게 된다.

사람들은 어떻게 의심을 떨쳐버리는가? 두려워하는 일이 일어나지 않을 것이라고 애써 자신을 다독인다. 그러다 보면 머릿속에서 생각이 뒤죽박죽되고, 결과적으로 불안감이 더 커진다. '이제 그 생각은 그만하자'고 스스로를 세뇌시켜보지만, 뭐든 금지하면 더 강하게 열망하게 되는 법. 불쾌한 생각에 대한 관심과 집중이 더 커지고 만다. 두려워하는 일이 일어나지 않도록 노력하다 보면 어느새 자신의 노력이 충분한지 아닌지 걱정하게 된다. 확신을 얻기 위해 가족과 친구들에게 같은 말을 반복해서 사람들을 힘들게 하기도 한다. 주변 사람들이 별일 없을 것이라고 말해주면, 자신이 걱정하고 있는 꼴이 보기 싫어서 위로하는 것이 틀림없다고 걱정한다.

결국 걱정을 하지 않기 위해 의심과 두려움에 휩싸인 채 더 깊은 걱정의 구멍을 파고 있는 셈이다.

미래를 확신하고 싶은 욕구가 걱정을 부른다

사람들은 '알지 못하는 것에 대한 두려움'에 대해 자주 이야기한다. 그것이 마치 특별한 두려움이라도 되는 것처럼. 우리는 미래를 조금도 알지 못한다. 사실 몰라서 두려운 게 아니다. 미래에 무슨 일이 일어날지 안다고 생각할 때, 그것도 나쁜 일이 일어날 것이라고 생각할 때 두려움을 느끼는 것이다.

당신이 오늘 저녁 직장 상사 부부를 집으로 초대했다고 해보자. '집에 가는 길에 차가 막히면 어쩌지?' 이런 의심을 떨쳐버리기 위해 철저하게 조치를 취할 것이다. GPS를 체크하고, 도로 상황을 확인할 것이다. 먼 길을 돌아가더라도 막히지 않는 도로로 갈 수도 있다. 혹시라도 문제가 생길 경우를 대비해 즉시 음식을 배달해주는 식당을 알아보고 전화번호를 전화기에 저장해둘 것이다. 휴대폰이 제대로 작동하지 않으면 만사가 엉망이 될 수도 있겠다는 걱정에 배터리를 확인하고 챙긴다.

이번에는 감기가 평소보다 오래간다고 해보자. '암이 아닐까?' 하는 생각이 들 것이다. 그 걱정에서 벗어나려고 갖가지 조치를 취할 것이다. 병원에 가서 진찰을 받을 것이다. 진찰을 받고 나서도 마음이 개운하지 않으면 다른 병원을 몇 군데 더 다닐 수도 있다. 인터넷을 뒤져볼 수도 있다. 신문 부고란을 유심히 들여다볼지도 모른다. 내 나이에 암으로 사망한 이가 있는지 궁금해서. 의학 백과사전을 찾아보기도 하고 이웃 사람들에게 요즘 감기가 오래가는지 물어볼 것이다.

이처럼 시간과 노력을 들여서 얻고자 하는 것은 '아무 걱정할 게 없다'라는 확신이다. 심한 교통 정체가 생기지 않을 거고, 암에 걸리지 않았다고 자신에게 증명해 보이려는 것이다.

그런데 아쉽게도 이런 노력으로 충분히 안심할 수가 없다. 정말로 아무 일도 일어나지 않을 거라고 증명할 수 없기 때문이다. 내일 큰 변고가 일어날 가능성은 거의 없겠지만 그렇다고 아무 일도 없을 것이라는 확신을 가질 수 있는 방법은 없기 때문이다.

나는 오늘 저녁 약속에 절대 늦지 않을 거라고 증명할 수 없다. 미래를 확신할 수 없기 때문이다. 그렇다고 그 생각이 나를 괴롭히지는 않는다. 만일 그 생각이 당신을 괴롭힌다면 그 생각을 없애려고 애를 쓸 것이다. 그로 인해 당신은 곤란에 빠지게 될 것이다.

누가 미래를
예견할 수 있는가?

교통사고에 대해 걱정이 많은 남편은 아내가 예정된 시간에 집에 도착하지 않을 때마다 몹시 불안해한다. 남편은 아내의 휴대폰으로 전화를 걸 것이다. 아내 전화기의 배터리가 방전되었거나 가방 깊숙이 넣어두어서 벨소리를 듣지 못하는 경우, 안심하기 위해 전화를 걸었는데 도리어 더 불안하고 두려워진다. 이제 남편은 텔레비전을 켜서 자동차 사고 뉴스가 나오는지 확인할 것이다. 지역 병원에 전화를 걸어 아내가 입원한 사실이 있는지 확인해야겠다고 생각할 수도 있다. 급기야 차를 몰고 나가서 여기저기 돌아다니며 아내 차를 찾으려 할 수도 있다.

아니면 이찌 할 바를 모르고 집 안에서 종종거리고 있을 수도 있다.

제발 누가 나에게 앞일을 확실하게 알려주오

걱정을 멈추려는 노력이 역으로 걱정을 더 하게 만드는 경우가 많다. 나쁜 일이 일어날지도 모른다는 걱정을 잠재우기 위해 그런 일은 없을 거라고 머리를 세차게 흔들지만, 걱정은 사라지지 않는다. 걱정을 멈추려고 노력한 결과 더 걱정을 하게 된다. 이것이 속임수의 핵심이다.

누구도 미래를 알지 못한다. 우리는 누구나 (언젠가는) 죽는다는 사실을 알고 있다. 하지만 언제 어떻게 세상을 떠날지는 모른다. 아마도 내일은 오늘과 비슷할 것이다. 물론 내일이 오늘과 다르지 않을 거라고 증명할 수는 없다. 여기서 문제가 생긴다. 내 이야기를 해보겠다.

아들이 막 태어났을 때 일이다. 갓난아기가 황달이 있어서 피부가 노랬다. 갓난아기에게 흔한 증상으로 대체로 며칠 지나면 사라지는 질환이다. 치료가 필요한 경우 며칠 동안 광선요법을 하면 된다. 우리 아들에게도 광선요법이 필요했다.

우리 부부가 주치의와 나눈 대화는 정말 끔찍했다. 아내는 광선요법으로 치료가 되지 않으면 어떻게 되느냐고 물었다. 주치의는 그런 일은 거의 없으며 대부분 치료가 된다고 말했다. 아주 드물게 광선요법으로 치료가 되지 않는 경우가 있다고 덧붙였다. 아내는 그런 경우 어떻게 해야 하느냐고 물었고, 의사는 몇 가지 조치를 취하면 도움이 될 거라고 대답했다. 실패하면 어떻게 되느냐고 아내가 다시 물었다. 의사는 그런 일은 거의 없지만 극단적인 경우아기의 몸속 혈액을 전부 다른 혈액으로 대체하는 방법이 있다고 말했다. 아내는 혈액 공급이 안전한지 물었고, 의사는 일반적으로 안전하지만 간혹 에이즈나 C형 간염 같은 질병에 걸릴 위험이 있다고 말했다.

그 대화를 주고받은 10분간은 정말 죽을 맛이었다. 귀여운 갓난아기를 돌보는 일상적인 대화에서 돌도 되기 전에 에이즈에 걸릴지도 모른다는 이야기로 단 몇 분 만에 급전직하한 것이다. 정말 멍청한 짓이었다. 우리가 바보라서가 아니라 부모와 의사로서 가질 수 있는 불안 때문이었다. 아내는 걱정을 덜기 위해 가능성이 희박한 의문에도 구체적인 답변을 요구했고, 주치의는 우리의 의심과 걱정을 덜어주려는 마음에서 교과서적인 대답을 해주었다. 뭘 어째야 좋을지 몰라서 나는 아무것도 하지 않았다. 우리는 '가능성이 희박한' 끔찍한 상황을 상상하며 온몸이 터져버릴 것처럼 고통스러운 시간을 보냈다. 그 고통은 며칠 후 황달기가 서서히 사라지기 시작할 때까지 계속됐다.

나는 '가능성이 희박한'이라고 말했다. 일어나지 않을 것이라고 확실하게 보장할 수는 없기 때문이다. 설사 어떤 일이 벌어질 가능성이 없다고 해도 당신이 원하는 확신을 얻을 수는 없다.

말하자면, 이런 의미다.

나: 　중력의 법칙이 없어져서 사람이 공기 중에 떠다니게 되면 머리가 여기저기 막 부딪치겠죠?

과학자: 그건 불가능한 얘깁니다. 원자, 분자, 소립자 등의 미시

　　　　적 대상에 적용되는 양자역학에 의하면…

나:　　　그래도 그런 일이 생기면요?

불안에 속지 않으려면

한 가지 질문을 하겠다.

자동차 바퀴에 펑크가 났는가? (창밖을 내다보지 마시라!)

우리 사무실에서 사람들에게 이렇게 물으면 대부분 아니라고 대답한다. 우리 사무실에서는 자동차가 보이지 않는다. 그런데 어떻게 알았을까?

사람들은 확실하게 알지 못한다. 차를 주차할 때 펑크가 나지 않았을 뿐이고, 그것으로 충분한 것이다. 자동차 바퀴 펑크에 대해 유별나게 걱정하지 않는 사람이라면 바퀴가 괜찮다고 추측한다.

하지만 특정한 사안에 관해 걱정이 많은 사람은 문제가 없다는 절대적인 확신을 얻고 싶어 한다. 그래서 자신이 두려워하는 문제가 생기지 않았고, 앞으로도 발생하지 않을 거라고 확실하게 증명하고 싶어 한다. 바퀴에 펑크가 나지 않았는지 확실하게 알고 싶은 사람은 상담 중이라도 주차장으로 내려가 자동차 바퀴를 살펴볼 것이다.

이런 문제에서 벗어나는 방법이 있고, 그 방법을 알려주고 싶어서 이 책을 썼다. 불안과 걱정 때문에 힘들어하는 사람은 이 책을 읽는 것에 대해서도 복잡한 느낌을 가질 수 있다. 이 책으로 걱정

하는 삶에서 벗어나고 싶다는 희망을 가질 테고, 한편으로 걱정에 관한 책을 읽으면 걱정을 더 하게 되지 않을까 하는 우려도 있을 것이다.

걱정에 관해 본격적으로 이야기하고 있는 책을 처음 읽을 때 더 마음이 불편할 수 있다. 나도 충분히 이해한다. 하지만 그런 반응은 좋은 신호다. 걱정과 불안 때문에 처음 나를 만나러 오는 사람들을 보면 몹시 두려워한다. 사람들은 좋은 결과를 기대하며 상담실 문을 두드린다. 동시에 결과가 좋지 않을까 봐 겁을 낸다. 나와 대화하면서 걱정이 줄기는커녕 더 많아질까 봐 두려운 것이다. 그것은 무슨 일을 하기 전에 경험하게 되는 '예기 불안(anticipatory anxiety)'이다.

바닷가에서 물에 들어가기 전에 물 온도에 익숙해지려고 서 있어 본 적이 있는가? 한동안 서 있어도 바닷물은 차다. 발목까지 물속에 넣고 물 온도에 적응하려고 해본다. 하지만 여전히 바닷물은 차다. 물속에 들어가서 편안함을 느끼기 전에는 바닷물 온도에 적응할 수 없다. 우선 편하고자 하는 욕구 때문에 물속에 들어가는 순간을 자꾸 미루게 된다.

걱정에 대해서도 마찬가지다. 처음에 불안함을 느끼는 것은 당연하다. 그렇다고 불안함에 속지 마시라. 곧 사라진다. 물속으로 어서 들어오기를 바란다!

걱정을 달고 사는 사람의
사고 패턴

만성적 걱정에 대해 본격적으로 들어가기 전에 두 가지 이야기를 소개하고 싶다. 인간의 심리 특성상 자신의 패턴보다는 다른 사람의 패턴을 관찰하고 이해하기가 훨씬 더 쉽다. 만성적 걱정 문제를 갖고 있는 다른 사람의 경험을 들으면 자신을 이해하는 데 도움이 될 것이다. 특히 만성적 걱정 증상이 있는 사람의 사례를 통해 '걱정의 속임수'가 어떻게 상황을 악화시키는지 알 수 있을 것이다.

다음에 묘사하는 사례는 어느 한 사람의 이야기가 아니라 내가 만난 내담자들의 여러 모습을 섞어놓은 이야기다. 하지만 만성적 걱정을 정확하게 묘사하고 있다.

사소한 일에도 끊임없이 걱정한다

스코트는 책상에 앉아 컴퓨터 모니터를 쳐다보고 있다. 가끔 자판기를 두드리기도 하지만 마음은 다른 데 가 있다. 보고서를 작성해야 하는데 신선이 없어서 걱정이다. 걱정하느라 일을 못 끝내면 어쩌지? 이러다 해고당하면 어쩌나, 하는 생각이 퍼뜩 스친다. 짐 싸 들고 떠나는 내 모습을 직원들이 어떤 눈으로 쳐다볼까? 집으로 곧장 가서 아내에게 말해야 하나? 아내가 얼마나 실망할까? 집에 가지 말고 바에 가서 술을 한잔할까? 기분도 안 좋은데 술

취한 놈이 시비라도 걸면 싸움이 나겠지?

　머리가 지끈거리고 아프다. 걱정을 너무 많이 해서 뇌출혈이 오는 게 아닌가 걱정이 된다. 스코트는 뇌출혈이 뭔지, 어떻게 생기는지도 몰랐지만 이렇게 책상에 앉아서 걱정이나 하는 게 뇌출혈 증상이면 어쩌지, 하는 생각을 한다. 갑자기 목이 마르다. 긴 비행을 하면 탈수증이 생길 수 있다는 얘기를 들은 기억이 난다. '긴 비행이면 얼마나 긴 비행이지?' 탈수증도 뇌출혈의 원인일지 모른다는 생각을 한다. 스코트는 의자에서 일어나 정수기에 가서 물을 먹어야겠다고 마음먹는다. 등이 아프다. 어젯밤에 잠을 잘 못 잤다는 것이 생각났고, 오늘 밤엔 푹 자면 좋겠다고 생각한다. 일찍 자는 게 좋을지 늦게 자는 게 좋을지 궁금하다. 너무 피곤해서 회사에서 일을 제대로 못하면 어쩌지?

　물을 마시러 정수기가 있는 곳으로 걸어가자니 상사가 오늘은 하루 종일 자리에 있을 것이라는 사실이 떠오른다. 정수기로 가려면 상사 방을 지나가야만 한다. 내가 지나갈 때 상사가 나를 보게 되면 어쩌지? 저 사람은 왜 일에 집중하지 못하고 돌아다니는 거야? 상사가 이렇게 생각하면 어쩌지? 상사가 "스코트 씨!" 하고 부르는데 무슨 말을 해야 할지 몰라 멍하니 쳐다보거나 버벅거리면 어쩌지? 업무 평가가 곧 있을 예정이다. 상사가 오늘 나를 유심히 살펴보고 내가 얼마나 불안한 사람인지 알게 되면 어쩌지? 그동안은 업무 성과가 좋았고 차근차근 승진도 했는데, 요즘 실적이 별로 안 좋다는 걸 상사와 직원들이 알게 되면 어쩌지? 아니 벌써 다들 알고 있는 거 아닐까?

스코트는 별로 목이 마르지 않다는 생각이 들어 다시 자리로 되돌아온다. 보고서를 수정 보완하려고 해본다. 하지만 탈수와 발작에 대한 생각이 머릿속에서 떠나지를 않는다. 머리를 비우려고 컴퓨터 카드 게임을 해보았지만 도움이 되지 않는다. 결국 스코트는 발작, 탈수, 뇌출혈에 관한 자료를 검색하기 시작한다.

사실 스코트는 일도 잘하고 건강하고 가정도 화목한 사람이다. 남들이 보기에는 행복하게 사는 사람이다. 그런데 스코트는 걱정이 많다.

스코트는 '걱정병'을 고치려고 여러 가지를 시도했다. 한동안 약을 복용했는데, 기분이 별로 좋지 않았다. 물론 의사는 괜찮을 거라고 했지만 약물 부작용이 걱정되기도 했다. 요즘은 숙면을 취하기 위해 평소보다 술을 더 많이 마신다. 술을 마시면 빨리 잠이 들기는 하지만 아침에 몸이 개운하지 않다. 알코올중독이 걱정되기도 한다. 건강을 유지하기 위해 운동을 하고 식단도 관리한다. 몸은 건강한데 정신이 건강하지 못하다는 생각이 든다. 명상을 해볼까 생각해봤지만 걱정이 더 올라올까 봐 두려웠다. 그는 안 좋은 생각을 떨쳐내느라 시간을 소비한다. 뉴스도 안 보고 신문도 안 읽는다. 우울한 뉴스가 무섭기 때문이다. 병원이나 아픈 사람이 나오는 텔레비전 프로그램도 보지 않는다.

걱정하지 않으려고 아무리 애를 써도 소용이 없다

스코트는 몇 차례 심리치료를 받고 범불안장애(generalizd anxiety disorder)라는 진단을 받았다. 어린 시절과 지난 경험에 중점을 둔 치료를 받았다. 자신을 이해하는 데는 도움이 되었지만 걱정병에는 아무런 효과가 없었다. 인지행동치료(cognitive behavioral therapy)를 받았는데, 자신의 생각을 평가하고 그 생각 속에서 오류를 찾아내 교정하는 방법이다. 처음에는 도움이 되는 것처럼 보였다. 하지만 시간이 지나면서 자신의 생각에 더 집중하게 되고, 생각이 과장되어 있는지 아닌지에 대해 치열하게 고민하게 되었다. 자신의 생각에서 '오류'를 찾아내려고 애를 쓰다가 잘되지 않으면 좌절하고 걱정이 되었다. 자신의 생각을 종이에 쓰고 평가하는 일이 마음을 더 복잡하게 만드는 때도 있다 보니 그 일이 꺼려지기 시작했다. 점점 심리치료를 멀리하게 되었다.

스코트는 걱정이 없을 때가 가장 마음이 편하다. 때로는 몇 주 동안 특별한 걱정 없이 지내기도 한다. 아무 걱정 없이 지내니까 좋다는 생각이 든다. 그러다가 '다시 걱정이 시작되면 어쩌지?' 하는 생각이 든다. 그 다음은 짐작할 수 있으리라. 다시 걱정을 시작한다. 멈추려고 노력한다. 실패한다. 그런 사이클이 반복된다.

스코트는 만성 걱정병 환자다. 증상이 심각하기는 하지만 희망은 있다. 당신도 스코트와 비슷한 짐을 안고 있는가? 곧 가벼워질 수 있으니 이 책을 계속 읽어나가시라!

내 불안을 들킬까
불안하다

앤은 인간관계가 힘들다. 그녀는 친한 사람들과는 잘 지내지만 잘 모르거나 처음 보는 사람들은 어색하다. 상사나 지위가 높은 사람을 만나거나 그룹 활동을 할 때 마음이 편치 않다.

앤은 남편이 없으면 파티나 모임에 나가지 않으려고 한다. 낯선 사람들 틈에서 너무 불안해서 한마디 말도 못할까 봐 불안하기 때문이다. 그녀는 모임이나 행사에 참석하기 전에 와인을 한두 잔 마신다. 낯선 사람과 대화하기가 어색하고 힘들기 때문이다. 너무나 불안해서 식은땀을 흘리고 손이 떨리고 말 한마디 제대로 못하는 자신의 모습을 생생하게 상상하곤 한다.

너무 불안할 때는 화장실에 가서 잠깐 마음을 진정시키면 좋겠다는 생각이 든다. 하지만 마음을 진정시키기 위해 화장실에 간 적은 없다. 모임이 진행되는 동안 화장실에 가야겠다는 생각이 들어도 실제로 갈 수 없었다. 왜 저렇게 화장실에 자주 가는지 사람들이 의아해할 것이기 때문이다. 화장실에는 한 번밖에 갈 수 없다고 생각하기 때문에 위급한 상황을 위해서 웬만하면 참아야 한다고 생각한다. 그러니 화장실에 갈 수 없다!

앤은 자신이 사람들과 만나는 자리에서 불안을 느낀다는 것을 잘 알고 있기 때문에 남한테 그것을 들키지 않으려고 애쓴다. 자신이 일상적인 대화를 할 때도 불안을 느끼는 사람이라는 것을 알면 사람들이 자기를 어떻게 생각할지 걱정이다. 상사가 앤에게 몇 번 직원회의 진행을 부탁한 적이 있었다. 앤은 그럴 때마다 핑계를 대며 그 상황을 피했다. 이젠 핑계거리가 없어질까 걱정한다. '상사가 내 핑계를 더 이상 믿지 않으면 어떡하지?'

평가받는 것에 대한 두려움

앤은 다른 사람들이 자신을 어떻게 평가할지 두렵다. 특히 자신이 심하게 불안해하는 것이 남들 눈에도 보일까 봐 걱정이다. 사람들이 그녀에게 문제가 있다고 생각해 그녀를 피하고, 그녀가 없는 자리에서 그녀에 대해 이러쿵저러쿵 이야기할까 봐 걱정이다. 앤의 두려움은 역설적이다. 그녀는 '나는 무가치한 사람이야'라고 믿고 있고 동시에 '모든 사람이 나를 주시하고 평가하려고 한다'라는 믿음도 갖고 있다.

사회불안장애(social anxiety disorder) 치료는 앤에게 큰 도움이 될 것이다. 하지만 낯선 상담가가 거침없이 사적인 질문을 해댈 것을 생각하면 몹시 두렵다. '상담가 앞에서 당황하면 어떡하지?' 앤은 걱정한다. '내가 미친 사람인 줄 알 거야.' 앤은 이런 걱정 때문에 필요한 도움을 받지 못하고 있다. 그녀가 걱정과 다르게 관계 맺는 방법을 찾게 된다면 상태가 아주 많이 좋아질 것이다.

당신에게 문제가 있는 게 아니라
당신이 시도한 '방법'이 문제였다

걱정의 종류는 수도 없이 많다. 하지만 한 가지 공통점이 있다. 걱정을 하지 않으려고 노력할수록 걱정이 사라지는 게 아니라 더 커진다는 점이다.

"노력할수록 더 심해져요." 사람들은 이렇게 말한다. 결과적으로 좌절감이 더 커지고 자신이 무능력하다고 느낀다. 자신이 마음을 비우는 간단한 일도 하지 못한다고 생각하기 쉽다. 자신에게 문제가 있다고 생각하는 것이다.

'걱정을 안 하려고 애를 쓸수록 걱정이 더 많아져서' 고민이라면, 당신에게 문제가 있는 게 아니라 당신이 시도한 방법에 문제가 있는 것이다. 자신을 탓하면서 엉뚱한 곳을 보고 있었다는 뜻이다.

걱정을 그만하려고 하는 바로 그 노력이 걱정을 강화하고 유지한다. 걱정이 어떻게 우리를 속이는지 알면 이러한 문제를 해결하는 데 많은 도움이 될 것이다. 다음 장에서는 사람들이 만성적 근심과 어떤 관계를 맺고 있는지 살펴보자.

2장

걱정은 왜 내 머릿속에서 떠나지 않을까

걱정이 많아서 걱정하고 있는가? 당신만의 문제가 아니다. 모든 사람이 걱정을 한다. 이 세상에서 걱정 없이 사는 사람은 죽은 사람들뿐이다. 누구에게나 미래에 일어날지도 모르는 안 좋은 생각이 불쑥 찾아든다.

나는 생각이 '찾아든다'라고 말한다. 걱정은 의도적으로 하는 생각이 아니기 때문이다. 사실 당신은 안 좋은 생각을 전혀 하고 싶지 않았을 것이다. 생각은 당신의 의지와 상관없이 자연발생적으로 일어난다. 혹은 어떤 상황에 처했을 때 우울한 생각이 떠오르기도 한다.

이런 생각은 어떤 자동차를 살지 의도적으로 생각하는 것과는 많이 다르다. 당신은 자동차를 고를 때 신뢰도, 연비, 내구력, 안전성, 디자인, 가격 등을 의식적으로 비교해보고 결정한다. 당신은 의 사결정에 도움이 될 만한 데이터를 검토한다. 반면에 걱정은 부정적이고 빈정거리는 말로 업무를 방해하는 짜증나는 직장동료와 같다. 그 동료가 하는 말은 전혀 도움이 안 되고 거슬릴 뿐이다.

근심 없이
사는 사람은 없다

걱정을 달고 사는 사람은 자신이 별난 사람이라고 생각한다. 주위에는 그런 사람이 없기 때문이다. 주위 사람들은 전부 차분하고 쿨해서 걱정 같은 것은 절대 하지 않을 것 같아 보인다. 주변 사람들과 비교하면서 자신이 부족하다고 느낀다.

나를 찾아오는 내담자들은 이렇게 말한다. 걱정 안 하고 살 것 같은 사람들을 보면 자기 자신이 한심해 보인다고. 나도 가끔 비슷한 느낌이 든다. 학회나 파티장에서 자신감 넘치는 사람들에게 둘러싸여 있을 때 말이다.

다른 사람들은 전부 쿨하고 자신감 넘친다고 여기는 근거는 무엇인가. 표정, 목소리 톤, 제스처, 눈빛 같은 외양을 보고 판단한 것일 뿐이다. 겉모습만 봐서는 세상에 두려울 거 하나 없는 사람들 같다. 하지만 이 사실을 기억하자. 당신이나 나나 다른 사람들의 겉모습과 우리 자신의 내면을 비교하고 있다는 것을.

이것은 올바른 비교가 아니다. 마치 사과와 악어를 비교하는 꼴이다.

진정한 차이는 걱정에 반응하는 방식의 차이다. 걱정이 찾아드는가 아닌가가 문제가 아니라 걱정스런 생각에 어떻게 반응하는가에 따라 진짜 승부가 결정된다.

보통 사람과
걱정쟁이의 차이

사람들이 걱정하는 주제와 내용은 차이가 있다. 어떤 사람들은 일생을 살면서 언젠가 부딪치게 되는 문제에 관해 걱정을 한다. 이를테면 경제 불황기에는 많은 사람이 직장을 잃거나 대출금 갚을 걱정을 한다. 새로운 상사가 오거나 집주인이 바뀌는 등 경제적인 상황이 변할 때도 걱정을 한다.

때로 사람들은 이런 걱정에 대응해 계획을 세우고 행동을 취한다. 그러면 걱정이 사라지고, 걱정이 도움이 되었다고 생각한다. 걱정이 잠재적 문제를 집어냈고, 해결책을 준비하도록 만들었으니 말이다.

좋은 일이 생겼을 때 걱정하는 사람들도 있다. 어떤 사람은 경기가 좋고 업무 성과가 탁월하다 할지라도 직장을 잃을까 봐 걱정한다. 혹은 자녀가 유명 대학에 합격해 축하인사가 밀려들 때 걱정을 할 수도 있다. 커피포트 스위치를 내리는 것을 잊어본 적이 없고 평소에는 그런 생각을 해본 적도 없는데, 꿈같은 휴가를 받아 비행기에 올라타면서 그 생각에 사로잡힐 수도 있다. 승진이나 출산 같은 좋은 일도 집요하고 비현실적인 걱정의 방아쇠를 당기게 한다.

이처럼 좋은 일 나쁜 일을 막론하고 걱정이 커지기도 한다. 걱정은 실제로 미래에 무슨 일이 일어나는지에 대해서는 거의 맞추지 못한다. 그것은 가능성보다는 '어떻게 나쁠 것'이라는 생각에 근거해서 일어나기 때문이다. 만약 걱정이 당신의 주식중개인이라면 그를 해고시켜야 한다.

때로 사람들은 확률이 매우 낮은 가능성에 대하여 걱정하기도 한다. 이것을 '비이성적인' 혹은 '비논리적인' 걱정이라고 부른다. 가스 불을 켜놓고 집을 나온 게 아닐까, 살충제를 설탕 그릇에 쏟지 않을까, 운전하다가 보행자를 치지 않을까 하는 것처럼 일어날 확률이 낮은 일을 걱정하는 것을 말한다. 그럼에도 불구하고 걱정꾼에게 이러한 생각은 너무나 끔찍해서, 그런 일이 일어나지 않도록 확실히 하기 위해 애쓴다. 이러한 노력은 만성적 걱정병으로 진행된다.

요약하자면 사람들이 걱정하는 내용에는 차이가 있다. 어떤 이들은 가끔 아주 일상적인 문제로 걱정을 하고, 이 걱정은 지속적인 문제가 되지 않는다. 그저 가끔 성가실 뿐이고 떨쳐버릴 수 있는 것이다. 실상 그것은 적절한 행동을 취하도록 신호를 주므로 도움이 된다고 간주할 수 있다.

문제는 이보다 더 큰 어려움을 겪는 사람들이다. 이런 사람들은 걱정을 마음에서 떨쳐버리는 것이 불가능하다. 아주 일상적인 문제를 갖고 끝없이 걱정한다. 또는 극단적이고 가능성이 희박한 일에 대해 걱정을 너무 많이 해서 만성적으로 강박관념에 사로잡히게 된다.

무슨 내용으로 걱정하느냐를 갖고 일상적 걱정과 만성적 걱정으로 구별하지는 않는다. 핵심은 걱정에 어떻게 반응하고 어떻게 걱정과 관계를 맺느냐에 있다. 이것이 가끔씩 적당히 걱정을 하는 보통 사람과 만성적으로 집요하게 괴롭힘을 당하는 걱정병 환자를 구별 짓는다. 걱정의 종류를 규정하는 것은 우리가 걱정과 맺는 관계, 즉 걱정을 관리하며 같이 살아가는 방식이다. 이제 그것을 살펴보자.

일상적 걱정:
가끔 나타나는 성가신 존재

일상적인 걱정은 때로 비현실적이지만, 걱정이 수시로 오고 간다. 그것은 시간이 흐르면서 일관된 패턴을 형성하지는 않는다. 학생은 시험에 대해 걱정을 하겠지만 시험이 있을 때마다 낙제를 예상하지는 않을 것이다. 직원은 연례 평가가 다가올 때면 걱정을 하겠지만 사장을 만날 때마다 해고당하는 걱정을 하지는 않을 것이다.

일상적인 걱정은 삶의 한 부분이다. 그것은 보통 당신의 활동을 방해하지 않는다. 때때로 걱정으로 인해 어떤 문제에 주의를 기울여 문제 해결을 위한 계획을 세우기도 한다. 이런 종류의 걱정은 해결 방안을 찾아내고 행동을 취함으로써 끝난다. 그것은 좋은 일이다.

문제를 구체적으로 집어내어 해결책을 찾아내지는 않지만, 이런 저런 걱정을 하는 경우도 있다. 독감으로 기분이 좋지 않거나 너무 피곤하거나 연애가 잘 풀리지 않을 때, 평소 같으면 그냥 넘어갈 일을 더 걱정할 수 있다.

일상적인 걱정과의 관계는 친하지 않은 이웃이나 직장동료와 맺는 관계와 유사하다. 당신은 그들을 하루에 한두 번 대면하지만 친밀한 관계를 맺지는 않는다. 만나도 그저 "안녕하세요" 하고 웃으며 인사나 할 뿐, 그 사람과 강한 정서적 유대감은 없다. 그들과 의견 충돌이 있다고 해서 하루가 망가지지 않는다. 그들과의 기분 좋은 만남으로 행복해지지도 않는다. 그들은 당신에게 크게 중요하지 않은 존재다.

걱정과 이렇게 평범한 관계를 가진 사람들은 걱정과 가끔씩만 싸운다. 그들은 걱정이 지나간다는 것을 안다. 그래서 그들은 걱정에 반응하면서 많은 시간과 에너지를 쓰지 않는다. 자신이 얼마나 많이 걱정하는지에 대해서도 걱정하지 않는다.

그렇지만 만성적 걱정에 시달리는 사람이 걱정과 맺는 관계는 완전히 다르다.

만성적 걱정:
항상 옆에 붙어서 괴롭히는 동반자

어떤 사람들은 자신의 몫 이상으로 걱정을 한다. 이들에게 걱정은 가끔씩 나타나는 성가신 존재가 아니라 삶을 늘상 심각하게 위협하는 동반자다.

만성적 걱정은 시간이 흐르면서 지나치게 많은 걱정을 하게 된다. 그런데 얼마나 많은 걱정이 과도한 것이라고 누가 결정하는가? 걱정을 하는 사람? 만약 당신이 걱정을 너무 많이 한다고 생각해서 걱정을 줄이기를 원한다면, 당신은 걱정을 줄이는 방법을 배울 수 있다.

하지만 걱정과의 만성적 관계에서 가장 중요한 측면은 걱정의 분량이 아니라 걱정에 대응하는 방법이다. 이것은 논쟁적이고 투쟁적인 관계를 취한다. 이 관계 속에서 당신은 걱정스러운 생각을 통제하고 바꾸려고 줄곧 애쓰지만, 더 많이 저항하고 겨룰수록 걱정이 더 오래 지속된다. 걱정과의 만성적 관계는 과도하게 걱정에 대해 신경 쓰고, 그것을 개선하려고 지속적으로 노력하는 관계이다.

꼬리에 꼬리를 물고 나타나 삶을 위협한다

만성적 걱정은 일어날 수 있는 재난이나 안 좋은 일에 대한 생각으로 시간을 소비하는 것이다. 물론 당신이 원하지 않아도 걱정이 꼬리에 꼬리를 물고 일어난다. 결국 당신이 끔찍한 재앙을 당해서 정신을 잃거나 불구가 될지도 모른다는 가능성 낮은 예측이 무한 반복된다.

그러면 사람이 좌절감을 느끼게 된다. 당신은 쉬면서 텔레비전을 보거나 공원에서 책을 보고 싶어 한다. 아니면 가족과 기분 좋게 저녁식사를 하거나 친구와 점심을 먹고 싶을지도 모른다. 그런데 여기 그 걱정들이 또다시 몰려온다.

걱정은 통제 불능인 듯 보인다. 당신이 원하지 않는 때에 걱정이 찾아온다.

정리해고당하면 어쩌지?

딸이 낙제하면 어쩌지?

아파서 일을 못 나가면 어쩌지?

사랑하는 사람이 죽으면 어쩌지?

이번 겨울에 보일러가 고장 나면 어쩌지?

비행기에서 고함을 치기 시작하면 어쩌지?

내가 잠들었을 때 차고 문이 저절로 열리면 어쩌지?

암에 걸리면 어쩌지?

내가 얼마나 불안해하는지 그 사람이 눈치채면 어쩌지?

내가 너무 불안해서 그 직원이 나를 도둑으로 생각하면 어쩌지?

발표하는 자리에서 갑자기 생각이 안 나면 어쩌지?

만성적 걱정은:

- 삶에서 중요한 시기에 집중적으로 일어난다.
- 정작 집중해야 할 일에는 집중을 못하게 하고 가능성이 낮은 재난에 집중하게 만든다.
- 임무와 책임을 다하지 못하게 방해한다.
- 사랑하는 사람들, 중요한 사람들과의 관계를 방해한다.
- 강박관념에 쫓기게 만든다.
- 다른 생각으로 대체될 때까지 계속된다.
- 걱정으로 시간을 낭비하고 있다는 것을 알고 있는데도 걱정이 계속된다.
- 일상생활을 방해한다.
- 무력하고 절망적인 기분이 든다.

만성적 걱정에 시달리는 사람들은 새로운 해결책이나 효과적인 대처 방안도 없이 걱정에 대해서 생각하고 또 생각한다. 만성적 걱정은 끝이 없다. 마치 살아 있는 유기체인 듯 끝없는 윙윙거림이 있을 뿐이다.

잘라내도 다시 자라나는 히드라의 머리처럼

만성적 걱정은 종종 육체적 증상과 행동으로도 나타난다. 집에서도 편안하게 쉬지 못하고, 극장에서 영화를 즐기지도 못한다. 다리를 흔들거나, 의자에서 자주 자세를 바꾸거나, 관절을 꺾거나, 연거푸 한숨을 쉬거나, 자꾸 휴대전화를 체크한다. 근육이 긴장해서 등이나 목의 통증, 두통이 생긴다. 이유 없이 피곤하다. 소화가 잘 안 되고, 잠들기 어렵고 원하는 시간보다 일찍 잠에서 깨기도 한다.

만성적 걱정은 경보기처럼 해결이 필요한 문제를 알려주는 것이 아니다. 오히려 문제 해결을 방해한다. 만성적 걱정은 해결되지 않는다. 거기에는 해결할 것이 아무것도 없기 때문이다. 걱정은 다른 것으로 대체될 때까지 그저 반복될 뿐이다.

당신이 만성적 걱정과 싸우고 있다면, 걱정하는 것을 멈추려고 노력할 것이다. 이 멈추려는 노력이 상황을 더 악화시킨다. 마치 그리스 신화에서 영웅이 머리가 많이 달린 뱀 히드라를 만날 때와 같다. 영웅이 히드라의 머리에서 몇 개의 머리를 잘라내면 같은 자리에서 몇 개의 머리가 더 자라난다. 정말 끔찍한 일이다.

걱정하는 습관은
어떻게 병이 되는가

걱정과 투쟁하는 사람들은 몇 가지 반응을 보인다. 이 반응이 만성적 걱정 문제의 핵심이며 '걱정과의 관계'를 형성한다. 걱정과의 관계에서 문제를 줄이는 길은 생각을 바꾸려고 노력하는 것이 아니라 걱정과의 관계를 바꾸는 것이다.

우선 어떻게 걱정과 관계를 맺게 되는지부터 알아보자.

첫째, 당신은 걱정거리를 좋아하지 않는다. 당연하다. 걱정하는 내용은 언제나 부정적이고 미래에 일어날지도 모르는 나쁜 일에 관한 것이다. '로또에 당첨되어 타이티 섬에서 꿈같은 인생을 산다면!' 아무도 이런 걱정은 하지 않는다. 만성 걱정병 환자는 나쁜 일이 생길지 모른다는 반복적인 생각으로 괴로워한다.

둘째, 당신이 최소한 걱정에 사로잡혀 있지 않은 시간 동안에는 그런 생각이 비현실적이라는 것을 알고 있을 것이다. 그러나 걱정에 사로잡히게 되면 그런 걱정이 비현실적이라는 것을 알고 있어도 계속 원치 않는 걱정의 잔소리에 시달리게 된다.

이것이 만성 걱정병 환자들에게 가장 괴로운 일이다. 나는 내담자들과 많은 대화를 나누며 토론했는데, 그들은 한결같이 걱정의 내용이 비현실적이라고 얘기했다. 인지행동치료(CBT) 요법 중 '인지재구조화(cognitive restructuring)'라는 요법이 있다. 내담자가 자신의 생각을 검토하고 '생각의 오류'를 찾아내 자신의 생각을 현실적인 것으로 바꾸도록 돕는 것이다. 그 요법은 많은 문제에 도움이 되지만 만성적 걱정 문제를 해결하지는 못한다. 걱정 문제를 갖고 있는 내담자에게 '인지재구조화' 요법을 실행하면 흔히 "나도 알아요!"라고 반응한다. "휴, 얼마나 다행인가!"가 아니라 "니도 알아요!"인 것이다. 자신도 이미 알고 있는 것을 발견하기 위해 상담 프로그램을 진행한다는 것은 짜증나는 일일 것이다.

그들은 이미 알고 있다. 자신의 걱정이 과장되고 비현실적이라는 것을 알아차리기 위해 내 도움을 필요로 하지는 않는다. 그들은 가능성이 희박한 재난을 반복해서 걱정하는 데 지쳐서 나를 만나러 온 것이다. 나쁜 일이 일어날지도 모른다는 비현실적인 걱정에 계속 시달리다가 방법을 찾지 못하고 점점 더 좌절감을 느끼게 된다.

세 번째, 만약 당신이 원하지 않는 부정적이고 비현실적인 생각이 계속 머리에 떠오른다면, 그것은 당신이 무언가 잘못되었다는 의미일지도 모른다. 당신이 자신의 생각을 통제할 수 없는 사람이 되었다는 두려움을 느낄 것이다.

마침내 당신은 더 이상 생각을 하지 않으려고 노력한다. 아마도 당신이 하는 생각이 싫고 두렵기 때문일 것이다. 혹은 당신의 생각이 비현실적이라는 것은 알지만, 스스로 생각을 통제할 수 없는 것은 정신적 문제가 아닐까 생각한다. 어느 경우라도 당신은 걱정을 없애기 위해 다양한 방법을 시도한다. 기분 전환을 해보기도 하고 회피해보기도 하고 생각을 멈춰보기도 하고 인지재구조화를 해보기도 하고 자신의 생각과 싸워보기도 하고 마약이나 술에 의존하기도 한다. 그 결과는 더 많은 걱정뿐이다. 당신이 걱정과 싸울 때 걱정이 줄어드는 것이 아니라 더 많은 걱정을 얻을 뿐이다.

만약 당신이 만성적 걱정에 휩싸이게 되었다면 그 관계는 이와 같을 것이며, 이것이 당신이 다뤄야 할 문제다.

누구도 올라오는 생각을
통제하지 못한다

현대 서양 문화는 생각의 역할을 강조하고, 수십억 년 진화의 종점으로 본다. 현대인들은 생각에 대해서 존경심을 갖고 있다. 특히 자신의 생각! 당신은 아마도 당신 자신의 생각에 집중하고 자신의 생각을 신뢰할 것이다. 심지어 그것이 조금 과장되고 사실이 아닐지라도.

그것은 걱정 문제의 또 다른 면을 야기한다. 사람들은 자신의 생각을 통제할 수 있어야 한다고 생각한다. 당신은 바람직한 생각과 유용한 생각만 하고 부정적인 생각은 하지 말아야 한다고 생각할 것이다. 하지만 당신의 마음은 독자적으로 움직인다. 당신의 생각은 당신의 통제를 따르지 않고, 원치 않는 생각을 쫓아내려고 아무리 노력해도 끈질기게 저항하며 나가주지 않는다.

이 말이 믿기지 않는다면 이런 시험을 해보자. 자, 지금부터 1분간 책을 내려놓고 편하게 앉아 당신이 키운 첫 번째 애완견을 생각하지 말라.

어떤가? 아마도 최근 몇 년 동안 생각한 것보다 더 많이 그 개에 대해 생각했을 것이다.

내 머릿속을 채우고 있는
걱정 분석하기

당신의 걱정스런 생각에 대해 더 자세히 들여다보자. 당신이 하는 걱정스런 생각을 살펴보고 그것을 종이에 써보자.

당신은 어쩌면 이것을 하고 싶지 않을 수도 있다. 마음속에 있는 생각을 종이에 적으면 그것이 영원히 마음속에 자리 잡을 것이라고 생각할지도 모른다. 혹은 사실로 바뀔지도 모른다고 생각할 것이다. 어쩌면 당신은 가능하면 그것들을 빨리 잊어버리고 남은 하루를 잘 보내고 싶을 수도 있다. 걱정거리를 종이에 적으면 지금보다 더 많이 걱정하게 될지도 모른다고 생각할 수도 있다.

지금까지 당신은 자꾸 올라오는 걱정을 밀어내려고 온갖 노력을 했을 것이다. 그럼에도 불구하고 여전히 당신은 걱정에 관한 책을 읽고 있다. 당신이 과거에 시도했던 노력은 그다지 도움이 되지 않았다. 만약 도움이 되었다면 걱정에 관한 책을 읽는 것보다 더 즐거운 일을 하고 있을 테니까.

만약 걱정 문제를 해결하기 위한 과거 노력이 제구실을 못했다면, 당신은 도움이 안 되는 방법을 사용하도록 속아온 것이다. 이제는 다른 방법을 택하는 것이 더 좋을 것이다. 자, 이제 당신이 자주 하는 걱정을 몇 개 적어보자.

걱정거리를 해결하기 위해 당신이 할 수 있는 일이 있는가

당신이 절도 피해자라고 가정하고 다음과 같이 해보자. 당신은 경찰에 신고할 것이고, 경찰은 몽타주를 그릴 수 있도록 범인을 묘사해 달라고 요청할 것이다. 몽타주는 경찰이 범인을 체포하는 데 도움이 될 것이다. 당신으로서는 기분 좋은 일은 아니지만 가치 있는 일이다. 마찬가지로 당신의 걱정거리를 스케치하는 것은 걱정과 당신의 더 나은 관계를 위한 첫 번째 단계다.

최근에 당신을 괴롭힌 걱정거리는 무엇인가? 생각나는 것을 종이에 펜으로 적는다.

적은 내용을 살펴보고 다음 두 가지 테스트를 적용해본다.

1. 지금 당신 주변에 문제가 있는가?
2. 만약 그렇다면, 당신은 문제를 해결하기 위해 지금 무언가를 할 수 있는가?

만약 두 문제에 모두 '예'라고 대답했다면, 당장 이 책을 덮고 문제를 해결하기 위해 무언가 해야 할 것이다.

반면에 모두 '아니오'라고 답했다면(혹은 첫 번째 질문에는 '예'로, 두 번째 질문에는 '아니오'로 답했다면) 당신은 만성적 걱정병에 걸려 있을 가능성이 높다. 당신은 불안해한다. 걱정스런 생각은 불안의 증상이다.

어쩌면 당신의 대답은 '예'도 아니고 '아니오'도 아닌 다음과 같은 생각일지도 모른다.

지금 당장 일어나지 않고 있지만 곧 시작되면 어쩌지?

내가 정신 차리지 않으면 나쁜 일이 일어날 거야.

일어나지 않기를 바라지만 어떻게 확신하지?

아마 일어나지 않을 거야. 하지만 일어나면 너무 끔찍할 거야.

일어날 수도 있지 않아? 그러지 않기를 바라야지.

내가 걱정을 안 하면 일어나지 않을 거야.

이런 생각에는 특히 속임수가 많다. 어떤 끔찍한 일이 일어날 리도 없고 일어날 수도 없다고 자신을 설득할 때 이런 생각을 하기 쉽다. 미래에 어떤 일이 '일어나지 않을 것'이라고 증명하는 '부정증명'은 매우 어려운 일이다. 그 일을 시도하는 것은 걱정을 덜기보다 걱정을 늘리는, 지는 게임이 되기 쉽다.

걱정하는 자신이 한심하고 절망적이다

이번에는 법정 드라마에서 증인이 특정 질문에 대해 '예'니 '아니오'라는 즉답을 피하고자 장황하게 대답하는 장면과 비슷하다. 판사는 증인에게 그저 질문에 대답만 하라고 명령한다. 당신이 증인석에 있는 것은 아니지만, 질문에 '예' 또는 '아니오'라고만 대답하는 것이 좋겠다.

1. 지금 당신 주변에 문제가 있는가?
2. 만약 그렇다면, 당신은 문제를 해결하기 위해 지금 무엇을 할 수 있는가?

당신의 뇌는 다양한 '가능성'을 체크할 것이다. 미래에 어떤 나쁜 일이 일어날 수 있다는 생각을 하게 될 것이다. 그것은 사실이다. 당신이 그에 관한 생각을 하건 안 하건 그것은 항상 사실이다. 모든 것이 가능하며 나쁜 일은 때때로 일어난다. 미래는 아무도 모른다. 그러나 이것은 지금 문제를 처리하는 데 아무런 도움이 안 된다. 그 생각을 인지하면서도 '예'나 '아니오'를 고르기만 하자. 만약 답이 '예'가 아니라면, 자연히 '아니오'다.

당신은 답을 생각하면서 이런 생각을 하고 있는가?

· 나는 결코 정상적으로 살지 못할 거야.
· 나는 항상 우울하기 때문에 이 문제를 해결하지 못할 거야.
· 나는 가장 좋은 해결책이 무언지 몰라. 그래서 난 이 문제를 해결할 수가 없어.
· 좋은 결정은 고사하고 결정을 내릴 수가 없어. 나는 고통스러울 수밖에 없어.

이런 생각은 문제가 당신의 내면세계에 있는 듯이 암시함으로써 당신을 엉뚱한 곳으로 안내한다. 그런 생각이 암시하는 것은 당신에게 결함이 있다는 것이다. 당신이 너무 우울하고, 너무 불안정하며, 너무 불확실하고, 너무 혼란스럽고, 너무 어리석어서 자신의 문제를 풀 수 없고 좋은 인생을 살 수 없다는 것이다.

당신이 이런 생각과 씨름하고 있다면 다음 상황에 대하여 숙고해보라.

예를 들어 우리 집 개가 절뚝거리거나 내 차에 경고등이 들어올 경우, 나는 절뚝거리는 개와 고장 난 경고등을 상관하지 않고 몇 날 며칠을 보내지는 못한다. 나는 두 문제 모두 내가 풀어야 할 문제라는 것을 알고 그에 대해 근심한다. 근심은 그 문제가 해결되어 없어질 때까지 나에게 남아 있다.

반면에 나는 가끔 이 책 집필을 끝내지 못할 것이라는 실망스러운 생각 때문에 마음이 울적하고 우울해진다. 그 생각은 보통 얼마 동안 지속되다가 사라진다. 내 글에 대해 칭찬을 받거나 웃기는 영화를 보거나 친구와 재미있는 대화를 한 다음에는 내 글이 형편없다는 생각이 달라진다. 내 글쓰기 능력도 전과 같고 내 원고도 전과 같다. 그렇지만 나는 그에 관해 나르게 느끼고 다르게 생각한다. 바꿔 말하면 내 글쓰기 능력에 대한 생각이 때에 따라 일관성 없이 왔다 갔다 하는 것이다.

하지만 우리 집 개의 절뚝거리는 다리나 내 차의 경고등에 대한 생각은 내가 문제를 해결할 때까지 그대로 남아 있다.

앞에서 쓴 절망과 무기력, 무능함과 비슷한 생각을 한 적이 있다면, 자신에게 다음과 같이 질문해보라. 그런 생각이 일관되게 지속되는가? 지난 일주일 동안, 지난 7주 동안 계속 같았는가? 혹은 변했는가? 가끔 낙관적인 사람이 되어 우울한 생각이 과장되었다고 느끼는가? 그 생각이 사람의 감정처럼 오르락내리락하는가?

사실만 생각하자

감정은 종종 명백한 이유 없이 자주 변한다. 그러나 사실(fact)은 새로운 증거가 없으면 변하지 않는다. 만약 당신의 생각이 이런 식으로 변한다면, 그리고 당신의 기분에 따라 변한다면, 그것은 외부 세계에서 현재 일어나고 있는 문제를 가리키는 것이 아니다. 그것은 당신 안에 있는 불행감이나 속상함을 가리킬 뿐이다. 그것은 당신이 지금 당장 풀 수 있거나 반드시 풀어야 하는 그런 문제는 아니다. 그것은 외부 세계에 상응하는 현실 없이 당신의 마음속에서만 일어나는 그런 문제다. 사람의 마음이란 원래 그렇다.

만약 외부 세계에 문제가 있다면 당신은 그것을 당장 해결할 것이다. 만약 싱크대에서 밤새 물이 흘러서 넘쳐날 지경이라면, 걱정하는 것이 아니라 물을 뺄 것이다. 개가 문을 쳐다보며 보챈다면, 긱징을 하지 않고 산책을 시킬 것이다. 이런 문제라면 걱정은 그 순간에 사라진다.

기분과 생각

가끔 사람들은 기분을 생각으로 잘못 파악한다. 이를테면 누군가가 "나는 결코 좋은 직업을 못 가질 것 같은 기분이 들어" 또는 "위험한 것 같은 느낌이 들어"라고 하는 말을 들을 것이다. 그러나 이것은 기분이 아니라 생각이다. 생각은 아이디어다. 기분은 감정이고, 생각과 아주 다르다. 생각은 진실이거나 거짓일 수 있다. 혹은 그 사이 어디쯤일 수 있다. 기분은 진실이나 거짓과는 상관없는 감정적 반응이다. 다음 두 가지 예를 살펴보면 더 정확하게 알 수 있을 것이다.

나는 좋은 직업을 갖지 못할 것이라고 생각해. 그래서 슬픈 기분이 든다.
내가 위험에 처했다고 생각해. 그래서 두려운 기분이 든다.

좋은 직업을 갖지 못하리라는 생각이나 위험에 처했다는 생각은 진실일 수도 진실이 아닐 수도 있다. 우리는 사실이 아닌 생각에도 진실된 생각에 대한 반응과 똑같이 강력한 감정을 경험한다. 우리의 감정은 우리의 생각에 대한 반응이다. 생각 뒤의 현실과 상관없이 말이다.

사람들이 진실이 아닌 생각에도 강력한 감정적 반응을 보인다는 이 깨달음이 인지재구조화 작업의 기본 근거다. 현실과 무관한 생각을 더 현실적으로 바꾸는 작업은 종종 도움을 준다. 그렇지만 만성적 걱정병에 갇혀 있는 사람들에게 인지재구조화 작업은 별로 도움이 안 된다. 그 문제에 대해 다음 장에서 살펴보기로 하자.

3장

나와 걱정의
이중적 관계

내가 심리상담가가 되기 위해 트레이닝을 받을 때 첫 번째 내담자는 걱정으로 고민이 많은 사람이었다. 이 남자는 직장을 잃을까 걱정이 많았다. 그는 직장에서 한 작은 실수나 결점을 강박적으로 의식했고, 좋은 성과는 간과했다. 내 지도교수는 이 내담자에게 인지재구조화 요법을 사용하기를 원했다. 그것은 괴로움을 야기하는 생각 속의 '오류'를 찾아내어 교정하는 방법이다.

지도교수는 그 요법으로 좋은 결과를 얻기를 기대했다. 때문에 나는 정말 열심히 일했다. 나는 그 내담자가 직업과 관련해 마음 속에서 부정적인 측면은 극대화하는 반면에 긍정적인 측면은 극소화한다는 사실을 알아채도록 도와주었다. 그러자 내담자가 상당한 진도를 보여주는 것 같았다. 그는 이렇게 말했다. "선생님이 무슨 말을 하는지 이제 알겠어요. 나는 그동안 직장에서 좋은 성과를 올린 것을 간과해왔고 개선해야 할 점을 지나치게 강조해왔어요. 우리 사장은 내가 한 일에 만족하는 것 같아요. 그동안 해고당할지 모른다고 너무 오버해서 걱정했어요."

나는 상담 성과에 행복해서 미소 지었고, 지도교수에게 보고할 생각에 한껏 들떠 있었다. 그런데 그가 괴로워하면서 말을 이었다. "그렇지만 이거 아세요? 이게 진짜로 내가 걱정하는 문제예요. 내가 얼마나 쓸데없는 걱정을 하고 있었는지 보세요. 그게 내 건강에 좋을 리가 없잖아요! 아무것도 아닌 일에 이렇게 걱정을 하는데, 이러다가 뇌졸중에라도 걸리면 어쩌죠?"

나는 내담자가 한 발자국도 앞으로 나가지 못한 것을 깨닫고 낙담했다. 그렇지만 나는 정말로 그에게 감사해야 한다. 그는 나에게 걱정과의 관계에 대한 두 가지 분명한 예를 제공해주었다. 한편으로 그는 직장을 잃는 것에 대해 심각하게 걱정을 했다. 다른 한편으로, 그 걱정이 비현실적이라는 것을 깨닫고는 자신이 걱정이 많은 사람이라는 점에 대해 걱정했다. 그 다음 주에 그를 다시 만났을 때 그는 자신이 해고당할 이유를 몇 가지 더 생각해냈고 다시 걱정하기 시작했다.

그 내담자는, 그리고 만성적 걱정으로 고생하는 사람들은 실제로 걱정해야 할 문제를 갖고 있는 것이 아니다. 단지 걱정한다는 문제를 갖고 있는 것이다.

걱정을 대하는
두 가지 태도

만약 당신이 만성적 걱정과 싸우고 있다면 두 가지 방법으로 '걱정'을 '위험'과 연결시킬 가능성이 높다.

가끔 당신은 걱정스런 생각을 중요한 위험의 예고로 받아들인다. '직장을 잃으면 어쩌지?' '암에 걸리면 어쩌지?' 이런 생각은 직장이나 건강에 문제가 생길지도 모른다는 경고 메시지다. 이런 걱정이 들면 당신은 있을지도 모르는 위험으로부터 자신을 보호하기 위해 조치를 취하거나 위험이 없다는 것을 증명하여 걱정을 멈추고자 한다.

두 가지 방법 모두 실패하기 쉽다.

또는 이런 생각이 '비합리적'이거나 가능성이 없다는 것을 깨닫고 그렇게 심각하게 받아들이지 않는다. 대신에 자신이 왜 이렇게 우울하고 쓸데없는 걱정을 계속할까 의아하게 생각한다. 자신의 마음속에서 무언가 끔찍하게 잘못되어가고 있는 징조라고 생각할지도 모른다. 당신은 그런 생각을 하면 안 된다고 생각하고, 그런 생각 자체가 자신에 대한 통제를 잃어가는 징조라고 생각할지도 모른다. 심지어 그런 생각이 당신을 병들게 할 수도 있다고 두려워할 수도 있다. 따라서 당신은 그 생각을 지우려고 다양한 노력을 한다.

하지만 그 노력 역시 실패하고 만다.

당신이 걱정과 맺는 관계는 두 가지 형태를 띤다. 각각의 경우가 어떻게 작동하는지 자세히 살펴보자.

태도 1:
걱정을 심각한 경고로 받아들인다

당신은 걱정의 내용을 심각하게 받아들인다. 그리고:

1. 위협이 틀렸음을 입증할 길을 찾고, 두려워했던 재난이 발생하지 않은 것에 대해 안심한다. 그리고/또는

2. 두려워했던 일이 생기지 않도록 방법을 생각해보고, 당장 실행하거나 앞으로 예방책으로 쓸 수 있게 '기억해둔다.'

재난이 일어나지 않으리라고 증명할 수 있다면 방어할 필요도 없어진다. 그렇지만 사람들은 두 가지 방법을 다 자주 사용한다. 아파서 결근할 걱정을 하는 사람은 다음과 같은 방법으로 마음을 다독일 것이다. "나는 아프지 않을 거야. 독감주사를 맞았으니까. 그래도 난 병가에 쓸 시간이 많이 남아 있어."

이 태도를 취하는 사람들의 흔한 경우를 살펴보자.

별일 없을 거라며 걱정과 논쟁하기

마치 다른 사람과 논쟁하듯이 자신의 생각과 논쟁에 들어갈 수가 있다. 그것은 '정반논쟁(point-counterpoint)' 게임이며 종종 다음과 같이 전개된다.

나:　　　　직장을 잃고 길거리에 나앉으면 어쩌지?

또 다른 나: 그런 일은 일어나지 않아. 회사에서는 날 필요로 한다고.

나:　　　　해고당하면 어떡해?

자신을 안심시키기 위해 증거나 아이디어를 논쟁에 끌어들이더라도 앞에서 보듯이 상대 쪽에서는 항상 당신보다 우월한 전략을 지니고 있다.

또 다른 나: 직장에서 해고될 것 같지는 않아. 그렇더라도 금방 다른 직장을 찾을 거야. 어떻게든 잘 지낼 수 있을 거야.

나:　　　　만약 직장을 못 구하면?

'만약 ~하면 어쩌지?(what if)' 논쟁은 만성적 걱정의 핵심이다. 6장에서 그것이 어떻게 작동하고 어떻게 대처해야 하는지 살펴볼 것이다.

당신이 자신과 벌이는 이 논쟁은 돌고 돈다. 걱정과 논쟁할 때 당신은 새로운 증거를 제시하는가? 아닐 것이다. 매번 같은 논쟁에 같은 낡아빠진 논지를 반복한다. 문제 해결이나 새로운 아이디어, 조금의 진전도 없이 같은 생각이 무한 반복되고 있는 것이다. 그러니 짜증이 날 수밖에. 텔레비전 프로그램이라면 꺼버리거나 채널을 돌릴 것이다. 그런데 이 텔레비전 세트는 통제가 안 된다.

당신 자신과 논쟁을 벌이고 있다면 당신은 절대로 이 논쟁에서 이기지 못한다. 논쟁이 어떻게 끝나느냐고? 진정한 결말은 없다. 당신이 다른 곳에 주의를 돌릴 때에야 끝이 난다. 계속 반복되는 걱정이 너무나 지루해서 어느 시점에서 당신은 흥미를 잃는다. 그러나 마음이 한가해지면 걱정은 다시 되돌아온다.

걱정을 끝내려고 하는
미묘한 행동들

이 단계에서 논쟁을 끝내고 싶어 다음과 같이 미묘한 행동을 하는 사람들도 있다.

• 노래를 부르거나 흥얼거린다.
• 신의 분명한 응답을 듣고 싶어 기도를 한다(종이에 쓰는 것을 더

좋아한다)

- 다른 사람들의 처지를 생각하고 스스로에게 감사하라고 말한다.
- 손가락으로 딱딱 소리를 낸다.
- 걱정거리를 '걱정 항아리' 또는 그와 유사한 곳에 넣는다.
- 행운에 의지한다. 행운의 셔츠, 행운의 목걸이 등.
- 무언가를 센다. 한 단어에 들어 있는 글자의 수, 한 문장에 들어 있는 단어의 수, 줄지어 있는 사람의 수, 자동차 번호판에 있는 숫자 등.

사람들은 이런 행동이 어떤 것도 변화시키지 않는다는 것을 알고 있다. 그렇지만 계속 그런 행동을 한다. 아마 그런 행동이 아무런 해를 끼치지 않는다고 생각하기 때문일 것이다.

만약 의례적인 행동을 그만두려고 하면 불안하고, '반드시' 해야 한다고 느낀다면, 이 습관은 이미 당신에게 해를 끼치고 있는 것이다.

인터넷 검색이 해결해줄 수 있는 것

인터넷은 걱정과 투쟁하는 사람들에게 새로운 전선을 열어주었다. 인터넷이 있기 전에는 걱정거리에 대해 찾아보기 위해 서점이나 도서관에 가야 했다. 이제는 누구나 마우스 클릭 한두 번으로 줄줄이 관련 지식을 얻을 수 있다.

사람들은 걱정할 것이 없다는 희망을 찾기 위해 인터넷 검색을 한다. 만약 기침이 암의 전조가 아닐까 걱정인 사람은, 그렇지 않다고 말해주는 페이지를 찾기를 바라며 검색을 한다. 물론 듣고 싶은 말을 해주는 웹페이지를 찾을 수 있다.

그렇지만 당신이 모든 의심을 없애고 싶어 하고, 암에 걸리지 않았다는 확실한 증거를 찾고 싶어 한다면, 당신은 실망할 것이다. 왜냐하면 누구도 미래를 정확하게 보장할 수 없기 때문이다.

전문가 상담이 도움이 안 될 때

건강 관련 걱정이 있을 때 가장 많이 전문가를 찾는다. 재정 문제나 부동산, 세금 문제, 육아 문제, 경력 문제 등도 전문가와 상담한다.

전문가와 한 번 만나 상담하는 것으로 대체로 충분하다. 정말로 복잡하게 얽힌 경우라면, 2차 소견이 필요할 것이다.

걱정거리가 있을 때 다양한 전문가를 만나야 한다고 믿고 있고 또 전문가가 추천한 방법이 의심스러워서 실제로 사용하지 않는다면, 아마도 점점 더 전문적인 상담을 받으면서도 결과에 점점 더 만족하지 못하는 악순환에 빠질 것이다.

친구와 가족에게 묻고 또 물어도

걱정으로 고생하는 사람들은 전문가와 상담하는 대신에 친구, 친척, 동료들에게 묻고 안심을 구하는 경우가 많다. 주변 사람들이 전문 지식이 있거나 그 주제에 대해 잘 알아서 묻는 것이 아니다. 편하고 돈이 안 들기 때문에 얘기하는 것이다. 물론 전문가의 의견보다 '민간인들'의 말을 믿는 것은 아니다. 가족이나 친구와 하는 대화는 혼자 머릿속으로 하는 논쟁과 비슷하게 전개되는데, 누군가 안심해도 된다고 말해도 그 말에서 허점을 찾으려고 한다. 상대가 자신이 듣기 원하는 말만 하거나 아니면 화제를 바꾸려고 서둘러 정리하는 것은 아닌가 생각한다. 이런 패턴에 들어간 사람은 한 번만 묻지 않는다. 같은 대답을 들을 때까지 다른 방법으로 반복해서 묻는다.

이런 패턴이 계속되면 주변 사람들과 관계가 힘들어질 수도 있다.

혹은 두려워서 회피하기

걱정을 진지하게 대하는 또 다른 방법은 회피하는 것이다. 사람들은 흔히 자신이 두려워하는 것을 피한다. 두려움이 과장되거나 비현실적이라는 것을 알아도, 심지어 피하는 것이 상당히 불리해도 회피한다.

사장과의 대화가 성과에 도움이 되는데도 불구하고 회피할 수 있다. 남들에게 평가받는 것이 두려워 아이 학부모 모임이나 동창회 모임을 회피할 수 있다. 피하는 것이 사회생활에 도움이 안 되는 줄 알면서도 어쩔 수 없다. 전화 받거나 전화 거는 것을 꺼릴 수도 있다. 연례 건강검진을 회피할 수도 있고 완벽하게 일을 끝내지 못할까 두려워 일을 맡지 않으려고 회피할 수도 있다. 공황발작이 올까 두려워 여행이나 활동을 회피할 수도 있다.

대중연설을 두려워하는 사람은 모임이나 직장 또는 아이 학교나 시민단체에서 연설해 달라는 요청을 기피할 것이다. 비행기 사고를 두려워한다면 항공여행이 가장 안전하다는 통계를 알고 있으면서도 비행기 타는 것을 회피할 것이다. 고속도로 주행, 엘리베이터, 혼자 있는 것, 교회 신도석 가운데 자리에 앉는 것이 두려워 회피하는 사람들도 있다.

자신의 걱정이 '비이성적인' 두려움 때문이라는 것을 스스로 인정할 때, 정말 문제가 된다. 사람들은 "이게 말이 안 된다는 걸 나도 알아요. 하지만 바로 그 사실이 정말로 나를 괴롭혀요"라고 말한다.

두려워하는 것을 계속 피한다면 자신의 걱정이 과장되거나 비현실적이라는 것을 안다고 해도 도움이 안 된다. 걱정의 대상을 자꾸 회피하면 점점 더 그것을 두려워하게 된다.

생각의 오류를 찾는 일의 장점과 단점

인지행동 심리치료사와 상담하거나 인지행동 치료법에 관한 책을 읽은 적이 있는 사람은 아마도 인지재구조화 작업을 시도할 것이다. 인지재구조화 작업을 할 때는 자신을 불안하게 만든 잘못된 생각을 찾아내 더 현실적인 생각으로 대체한다. 그리고 나서 새로운 생각으로 걱정을 덜 하기를 바란다.

인지재구조화 요법 지지자들은 사람들이 갖고 있는 '생각의 오류'를 찾아내 바꾸도록 도와준다. 우리가 흔하게 갖고 있는 '생각의 오류'에는 다음과 같은 것들이 있다.

지나친 일반화 - 나쁜 순간이 그날 하루를 끔찍하게 망치리라는 믿음

독심술 - 다른 사람들이 나에 대해 갖고 있는 생각을 알 수 있다는 믿음

나쁜 가능성을 **극대화**시키고, 어려움에 대처하는 자신의 능력을 **최소화**시키기

점성술 - 미래에 무슨 일이 일어날지 자신이 안다고 생각하기

흑백논리 - 사고의 중간지대가 없이 극단적으로 사고하기

인지재구조화 작업은 다양한 문제에 많은 도움이 된다. 이를테면 강연 도중에 하품을 하거나 시계를 보고 있는 청중을 보고 불안해하는 연사는, 자신의 강연이 지루해서 그럴 것이라고 생각하기 쉽다. 이때 연사가 인지재구조화 작업을 통해 점검해보면 관객들이 그런 행동을 하는 데는 여러 가지 이유가 있다는 것을 알게 된다. 잠을 잘 못 잤다거나 다른 회의를 위해 일찍 자리를 떠나야 한다거나 등등. 그리고 청중이 하품하거나 시계를 본다고 해서 반드시 자신의 강연이 형편없다는 증거로 받아들일 필요가 없다는 것을 깨닫는다.

하지만 인지재구조화 작업을 통해 걱정을 없애고, 이제 걱정할

일이 없다고 확신하게 되면, 더 많은 문제가 일어날 것이다. 여기가 두 번째 태도로 넘어가는 대목이다. 강연 도중에 누군가 하품을 해도 신경 쓰지 않는다고 하자. 그래도 하품하는 청중을 보고 불안해하는 강사와 똑같은 생각을 할 수 있다. 이때 강사가 그런 생각은 잘못된 생각이라며 그것을 마음에서 지워버리려고 노력한다면, 청중이 아니라 자신의 걱정과 싸우는 꼴이 될 수 있다. 이 경우 인지재구조화는 걱정과 언쟁하는 것처럼 작동하여 원래 문제로 되돌아갈 위험이 있다.

인지재구조화 방법을 사용해보고 결과를 살펴보라. 그 방법으로 당신의 걱정이 과장되고 비현실적이라는 것을 알게 되어 덜 괴로우면 좋은 결과를 얻은 것이다. 그렇다면 앞으로 그 방법으로 도움을 얻을 수 있다. 하지만 생각 속의 '오류'를 찾아서 제거하려는 노력이 자신의 생각과 더 많이 다투는 쪽으로 나아간다면, 자신의 생각을 정화하기 위해 너무 많이 노력하고 있다는 의미다. 인지재구조화 방법을 사용할 때에는 더 가볍게 접근하는 것이 좋다. 8~10장에서 인지재구조화 방법 대용으로 소개할 수용기반 방법 (acceptance-based method)을 사용하는 것도 도움이 된다.

이제 두 번째 태도를 살펴보도록 하자.

태도 2:
불안한 생각은 더 이상 하고 싶지 않아

사람들은 걱정이 너무 많아 걱정이 될 때 이 태도를 취한다. 태도 1에서 그들은 자신이 생각하고 있는 잠재적 문제에 대해 매우 우려했다. 그렇지만 이제 그런 생각이 그저 가치 없는 걱정 덩어리이고 시끄러운 난센스일 뿐이라는 것을 깨달았다. 불행하게도 그런 깨달음으로 조금도 기분이 나아지지 않는다. 대신에 자신이 걱정을 그렇게 많이 한다는 것에 대하여 걱정하게 된다. 이제 다음과 같이 생각하기 시작한다. 그따위 말도 안 되는 걱정이나 하고 있다니! 근데 나는 왜 그런 생각을 멈출 수 없는 걸까? 걱정 때문에 심장마비나 뇌졸중이 오면 어쩌지? 아니면 걱정 때문에 일을 못해서 직장에서 쫓겨나면 어쩌지? 난 왜 이렇게 걱정이 많을까? 난 정말 나약하고 한심한 인간이야!

당신이 이런 생각에 빠져 있다면 당신은 걱정의 다른 쪽에 다다른 것이다. 당신은 자신의 생각이 잘못됐음을 증명하려는 것이 아니다. 실상 당신은 자신의 생각이 '비합리적'이라는 것을 분명하게 알고 있고 그래서 믿지도 않는다. 좋은 일이다. 그렇지만 불행하게도 당신은 이제 다른 종류의 투쟁, 즉 '걱정을 멈추려는' 투쟁에 들어선 것이다.

태도 1에서 당신은 걱정이 사고를 예고하는 것일까 두려워하면서 그에 대해 많은 시간 생각하고, 문제를 조사해보고, 사랑하는 이들과 그에 관해 얘기하고, 안전하다고 스스로를 납득시키려고 노력했다. 이제 당신은 걱정의 내용에는 별 신경을 안 쓴다. 이제 당신은 자신이 얼마나 걱정이 많은지에 대해서 걱정을 하고 그 걱정이 당신에게 어떤 영향을 미칠지에 대해 걱정을 한다. 당신은 걱정이 일상의 즐거움을 방해하고 좋은 부모나 배우자가 되지 못하게 한다고 생각한다. 또 직장에서도 생산성이 떨어지고, 다른 사람들 눈에 지질하게 보이고, 심지어 걱정 때문에 죽을 수도 있다고 생각한다. 그래서 이제 당신은 걱정을 머릿속에서 쫓아내버리고 싶다.

다음은 '걱정을 멈추기 위해' 태도 2의 사람들이 쓰는 주요한 방법들이다.

주의를 다른 데로 돌리려고 애를 쓴다

가장 흔한 방법으로 주의를 다른 데로 돌려서 걱정하는 주제에 관해 생각하지 않는 방법이 있다. 좋아하는 노래를 흥얼거리거나, 이미 읽은 문자 메시지를 다시 읽거나, 수다 떨기 위해 친구에게 전화를 건다. 하지만 이 방법은 두 가지 이유에서 곧 새로운 골칫거리가 된다.

첫째, 무언가로부터 스스로를 절박하게 떼놓으려고 한다는 것은 자신이 생각하고 싶지 않은 그것에 대해 이미 의식한다는 점이다. 당신은 자신에게 "그거 말고 이것에 대해 생각해"라고 말한다. 하지만 이 말은 이미 자신이 피하고자 하는 바로 그 생각을 하고 있다는 것을 의미한다.

두 번째, 주의를 다른 데로 돌리는 것은 생각이 위험할 수도 있다는 믿음을 강화시킨다. 생각을 머리에서 몰아내려고 노력하면 할수록 마음은 생각이 위험하다는 관점을 정당화시킨다. 생각 자체는 결코 위험하지 않다. 행동은 위험할 수 있지만 생각은 단지 불유쾌할 뿐이다.

'생각하지 않기'는 더 위험하다

시간이 지나면서 다른 데로 주의를 돌리는 능력이 줄어들면 흔히 생각을 멈추려는 노력을 배가한다. "그것에 대해서 그만 생각하라"고 스스로에게 엄격하게 지시한다. 심지어 '중지'라고 쓴 고무밴드를 손목에 차고 있다가 원치 않는 생각이 떠오르면 밴드를 당기기도 한다. 이 방법은 실제로 자기계발서에서 자주 소개되고 있다. 하지만 이는 매우 안 좋은 방법이다.

생각을 멈추려는 노력은 금지된 책처럼 흥미를 불러일으킬 뿐이다! 그것은 필연적으로 멈추려고 노력했던 생각이 되살아나게 한다. 결국 손목에 붉은 고무 밴드 자국만 남는다.

이 방법은 시도할 생각도 하지 말라.

술이나 약물에 의존하기

걱정이 들 때마다 약이나 술 등으로 걱정을 통제하려 드는 사람들도 많다. 그들의 목표는 걱정과 언쟁을 벌이거나 반박을 하려는 것이 아니다. 단순히 걱정에 대한 생각이 일어나려는 것을 멈추려는 것뿐이다.

사람들은 종종 마음을 달래고 진정시키기 위해 술이나 담배를 사용한다. 잘 알다시피 술과 담배는 일시적인 위안은 줄지 모르나 중독성이 있어 사태를 더 악화시킬 뿐이다.

나는 걱정을 줄이기 위한 약 처방에 대해서도 회의적이다. 효과를 내기보다는 더 많은 말썽을 일으킬 수 있기 때문이다. 가끔 다른 어떤 것도 도움이 되지 않을 때 처방약으로 도움을 받는 내담자도 있다. 이 문제는 전문가와 신중하게 상의하기 바란다.

걱정을 덜어주는
사람과 물건이 있다고?

우리는 모두 사람들과 만나서 교류하기를 즐긴다. 그렇지만 만성적 걱정과 씨름하는 사람들은 특정한 사람에게만 안심을 구하면서 의존하게 된다. 특정한 사람에게 의지하는 것은 술에 의존하는 것과 마찬가지로 유리한 점과 불리한 점이 모두 있다. 유리한 점은 다른 무엇보다 빨리 일시적 위안을 얻을 수 있다는 것이다. 그러나 장기적으로는 매우 불리하다. 사람에 의지하다 보면 자기 신뢰감이 줄어들고 독립심과 결단력을 잃어버린다.

태도 1에서 걱정의 내용을 심각하게 받아들일 때, 당신은 두려

위하는 일이 일어나지 않으리라는 안심을 의지하는 사람에게 거듭 구할 것이다. 태도 2에서 걱정에 대한 '생각을 멈추려고' 씨름을 할 때, 당신은 기분전환을 위해서나 아니면 모든 것이 잘되리라는 안심을 구하기 위해서 의지하는 사람을 찾을 것이다.

그 사람이 무슨 특별한 힘을 갖고 있는가? 아니다. 다만 당신이 의지하고 있을 뿐이다.

걱정을 덜기 위해 특정한 물건을 들고 다니는 습관에 빠지는 사람들도 있다. 걱정을 줄이기 위해 물건에 의지하는 것은 해롭지 않은 듯하지만 문제가 될 수도 있다. 당신은 어찌 됐든 그 물건이 당신을 보호하고 있다고 느끼기 때문에, 계속 그것이 필요하다고 믿고, 그 물건을 챙기지 못할까 봐 걱정하게 될 것이다. 게다가 사물에 의지하는 것은 빠른 일시적 위안은 제공하겠지만, 그 사물이 있건 없건 상황이 잘돼 가고 있다는 것을 깨닫지 못하게 방해한다.

다음은 사람들이 흔하게 의지하는 물건이다.

주전부리

사랑하는 사람의 사진

불안에 관한 책

휴대전화

물병

네잎클로버 같은 행운을 상징하는 물건

마음을 달래는 염주

묵주

약물

약물은 의학적 효과와 상관없이 의지하는 사물이 될 수 있다. 많은 사람이 재낵스 같은 신경안정제를 몇 년 동안 먹지도 않으면서 가방에 갖고 다닌다. 그들은 주머니나 지갑에 약병이 있다는 것만 알아도 그냥 안심이 된다. 나는 스쿠버다이빙을 즐기면서 공황 발작이 올까 봐 걱정하는 내담자와 상담한 적이 있다. 그는 다이빙하러 갈 때 스쿠버복 안으로 다리에 방수 주머니를 묶고 그 안에 재낵스 한 알을 보관하곤 했다. 다이빙 중에는 그 약을 꺼낼 수도 없는데 말이다.

앞에서 묘사한 여러 걱정 대처법 가운데 당신이 가장 자주 사용하는 것은 무엇인가? 그것은 당신에게 잘 듣는가 아니면 잘 듣지 않는가? 어떤 것을 그만두고 싶은가? 더 읽기 전에 잠시 멈추어 목록을 작성해보자.

더 이상
속지 않으려면

이 장에서 나는 사람들이 걱정과 갖는 이중적 관계를 설명했다. 때로 당신은 걱정의 내용을 심각하게 받아들이고, 위험에서 자신을 보호하거나 반박하려고 한다. 때로는 그 생각이 과장되거나 비현실적이라는 것을 깨닫고, 당신이 걱정이 너무 많은 것에 대해 걱정하고, 걱정을 멈추기 위해 노력한다.

둘 중 어느 방법도 효과가 없다. 어느 것도 당신이 구하는 안심을 주지 못한다. 오히려 상황이 악화되어 걱정에 고착된 듯한 기분이 들 것이다. 심하게는 '노력할수록 더 나빠진다'는 경험을 통해 깊은 절망감에 빠지기도 한다.

다행히도 이렇게 꽉 막힌 정체에서 벗어나는 효과적인 방법이 있다. 당신은 지금까지 속임수를 당했기 때문에 그렇게 나빠진 것이다. 이 사실을 알게 되면 주의와 에너지를 상황 개선에 도움이 되는 쪽으로 돌릴 수 있다. 앞으로 나는 당신이 시도하면 좋은 새로운 방법을 보여줄 것이다. 그 방법들은 당신이 원하는 그 이상의 결과를 안겨줄 것이다.

4장

이 불안의
정체는 뭘까

당신은 아마도 당신이 하는 많은 걱정이 비현실적이고 과장되어 있다는 것을 알고 있을 것이다. 이상하게 들리겠지만 그것은 좋은 소식이다. 당신이 걱정하는 온갖 문제가 실제로는 존재하지 않는다는 것을 의미하기 때문이다. 그런데 나쁜 소식이 있다. 걱정거리가 투우장의 붉은 깃발처럼 군다는 것이다. 붉은 깃발은 황소에게 위협은 아니지만 황소를 투우사의 검과 창에 돌격하도록 자극한다. 걱정거리 자체는 당신에게 위협이 되지 않지만, 당신은 걱정을 없애기 위한 투쟁에 뛰어든다. 이 때문에 당신은 더 많은 걱정을 하면서 취약해진다. 당신은 걱정과 싸우면서 투우사가 되기를 희망하지만, 실제로는 황소가 되는 것이다.

이 장에서는 사람이 마음이 약하거나 고통스러워서 걱정하는 것이 아니라, 걱정이란 인간의 뇌가 자연스럽게 작동한 결과라는 것을 보여줄 것이다. 이것은 매우 중요하다. 왜냐하면 내게 뭔가 문제가 있어 걱정을 달고 산다는 생각에 말려들게 되면, 상황이 점점 더 악화되기 때문이다.

자, 이제부터 걱정이란 우리 뇌의 구조가 만들어낸 것이라는 사실을 보여주겠다.

인간은 위험하지 않을 때도 두려움을 느낀다

만약 당신이 위험에 처하지 않았는데도 자주 두려워한다면, 당신에게 무언가 문제가 있다는 의미인가?

아니다. 인간은 위험하지 않을 때도 두려움을 느낀다. 공포 서적이나 공포 영화는 돈이 많이 벌리는 장르다. 사람들은 순전히 허구인 것을 알면서도 읽거나 보면서 실제로 두려움을 느낀다. 공포 영화를 보는 사람들은 '영화일 뿐'이라는 것을 이미 알고 있다. 그런데도 두려워한다. 위험에 처하지 않았다는 것을 아는데도 두려워하는 것이 인간의 특성이다.

무서운 영화를 보면서 "이건 그저 영화일 뿐이야"라고 자신에게 말한다고 해서 두려움이 사라지지 않는다. 당신이 심하게 걱정할 때 친구가 "걱정 좀 그만하라"고 말하는 것도 도움이 되지 못한다.

그 이유는 우리가 자신의 생각을 스스로 통제하지 못하기 때문이다. 수학 문제나 퍼즐로 주의를 돌릴 수 있다. 그러나 내가 원하는 생각만 하라고, 그리고 원치 않는 생각은 하지 말라고 뇌에게 강요할 수는 없다. 아무도 그럴 수는 없다.

걱정에 대해서도 마찬가지다. 자꾸 올라오는 생각을 통제할 수 없다. 문제는 자신의 생각을 통제해야 한다고 생각하는 데 있다. 그로 인해 자신의 생각과 불필요하고 비생산적인 레슬링 시합을 하게 된다.

걱정과 불안은
종족 보존에 도움이 된다

공포 영화를 보지 않는데도 두려움에 사로잡힌다며 자신을 한심스러워 하는 사람들이 있다. 그들은 내면에서 일종의 공포 영화를 보고 있는 것이다. 그 사람의 머릿속은 한 사람의 관객을 위해 언제나 열리는 개인 시사회다. 그것은 '만약 ~면 어쩌지?' 하는 독백으로 이루어진 모노 쇼다.

그 영화는 왜 당신의 머릿속에서 상영되는가? 여기서 우리는 불안의 목적을 생각할 필요가 있다.

불안의 목적은 무엇인가? 불안은 어디에 좋다고 생각하는가? 우리는 왜 불안해하는 능력을 갖고 있는가?

불안은, 잠재적 위험이 대형 사고로 발전하기 전에 위험을 지적하고 해결책을 고안하여 더 안전하게 살도록 해준다. 우리에게 필요한 능력이다. 인간은 미래의 시나리오를 상상하고 다른 반응을 계획하는 능력이 있는 뇌를 가졌다. 이 능력 덕분에 초기 사냥꾼들은 한 마을 사람들 모두를 먹일 수 있는 거대한 맘모스를 구덩이에 사로잡는 법을 터득했다. 이 능력이 우리를 최고의 포식동물이되게 만들었다. 세상에는 더 커다란 이빨과 턱을 가진 더 크고 강하고 더 빠른 포식동물이 있는데도 말이다.

그러나 미래의 변화를 예측하는 이 능력은 완전하지 않다. 완전할 수가 없다. 아무리 뛰어난 뇌를 가진 사람도 미래를 정확하게알지 못한다. 미래 예측과 관련해 두 가지 유형의 실수가 있다.

유형 1은 '잘못된 긍정(false positive)'이다. 있지 않은 어떤 것이있다고 믿는다. 석기 시대 동굴에 사는 사람이 호랑이 소리를 들었다고 생각하고 두려움 때문에 동굴에 하루 종일 숨어 있을 때, 실제로 그 소리의 주인공이 토끼 두 마리라면 '잘못된 긍정'이다. 그는 잘못된 긍정으로 인해 잡아먹히지는 않을 것이다. 그렇지만 필요로 하는 음식을 구하지 못하거나 근처 종족이 공격하러 오더라도 준비하지 못할 것이다.

유형 2는 '잘못된 부정(false negative)'이다. 실제로 있는 것을 없다고 믿는다. 가까이에 호랑이가 없다고 확신하고 동굴을 나와 활보하고 다니는데, 호랑이가 바위 뒤에 조용히 숨어서 때를 기다리고 있다면 '잘못된 부정'이다. 혈거인은 잘못된 부정으로 잡아먹힐 수도 있다.

어떤 뇌도 잘못이 없을 수 없고 그래서 누구나 잘못을 저지를 수 있다. 당신은 어떤 유형을 선택할까? 호랑이가 없는데도 있다고 생각할 것인가? 아니면 호랑이가 있는데 없다고 생각할 것인가? 우리의 뇌는 일반적으로 유형 2보다 유형 1을 선호하고, 만성적 걱정이 그 결과이다. 유형 1은 어둡고 황량한 동굴 속에서 실제로 있지도 않은 호랑이를 두려워하면서 오랜 시간을 웅크리고 있을 것이다. 그 시간에 저돌적인 다른 종족은 당신의 곡식을 훔치고 토끼구이를 즐기고 있을지도 모른다.

유형 1을 선호하는 뇌를 가진 것이 우리 종의 생존을 도왔을 것이다. 이 성향은 마치 사람들의 키가 다른 것처럼 저마다 다른 정도로 유전되었을 것이다. 어떤 이는 이런 경향을 아주 많이 갖고 있고, 어떤 이는 아주 적게 갖고 있다. 종족 보존에는 두 유형이 모두 존재하는 것이 도움이 된다. 겁이 아주 없는 공격적인 전사들은 나가서 점심으로 거대한 맘모스를 잡아서 집에 가져 오고, 조심스러운 친구들은 옥수수를 키우고 자식들을 돌보며 살 것이다.

따라서 걱정은 적어도 종족 보존에는 이로운 점이 있다. 그리고 우리 중 몇은 유전적으로 다른 사람들보다 더 걱정하는 경향이 있다. 당신이 만성적 걱정과 싸우고 있다면, 조상 중에 누군가 당신과 비슷한 고통을 경험했을 확률이 높다. 그러나 당신은 이런 의문이 들 것이다. 이건 내 탓이 아닌가? 내가 못나서 걱정쟁이가 된 것이 아닌가?

뇌는 원시 사냥꾼에게 위험을 알리던
기능을 아직도 수행한다

아니다. 사람이 백지 상태로 태어나서 저마다 성격과 특성을 학습한다고 생각할지 모르나, 그렇지 않다. 병원 산부인과 병동에 가서 신생아들을 보라. 신생아마다 부모와 친척들에게 보이는 반응이 다르다는 것을 알 수 있다. 아기들은 빛과 소리에 다 다르게 반응한다. 어떤 아이들은 빛과 소리에 흥미를 느끼는 듯 직접적인 반응을 보인다. 다른 아이들은 울면서 괴로워한다. 어떤 것에도 흥미를 안 보이는 아이들도 있다.

당신이 과도한 만성적 걱정에 시달린다면, 시절을 거슬러 올라가봐야 한다. 당신은 어린 시절에 과도하게 걱정하는 경향을 보인 적이 있는가? 부모나 형제자매들이 그에 관해 이야기를 해준 적이 있는가?

우리의 뇌는 수학 계산하듯이, 소설책 즐기듯이 진화하는 것은 아니다. 뇌는 위험을 인지하고 문제를 해결하고 생존하도록 도우면서 진화한다. 위험에 예민한 뇌를 소유한 사람들이 살아남아 번식할 가능성이 더 높다.

뇌는 오늘날에도 옛날과 마찬가지로 위험을 감지하고 문제를 해결하는 기본 기능을 한다. 하지만 환경이 엄청나게 변했다. 우리는 더 이상 옛날처럼 호랑이나 바위절벽, 늪과 대치하지 않는다. 그럼에도 우리의 뇌는 아주 멀리 희미하게 존재하는 위험을 기다리고 그에 대처하는 법을 찾는다.

우리는 또한 조상들보다 '머릿속에서' 더 많은 시간을 보낸다. 현대인은 조상들에 비해 훨씬 많은 시간을 책, 인터넷, 영화 등을 보는 데 쓴다. 반면에 우리 조상들은 구체적인 대상을 다루는 데 집중했다. 우리는 생각하는 데 너무 익숙해서 흔히 생각을 현실과 동일시한다. 우리는 내면세계에 존재하는 생각을 외부 세계에서 일어나는 사물과 사건으로 잘못 인식한다.

그리고 뇌에는 스위치가 없다. 뇌는 당신이 좋아하던 싫어하던 항상 생각을 한다. 뇌는 우리의 의식적인 통제 없이 계속 활동을 한다. 때문에 우리는 자신의 의지와 상관없이 많은 공포 영화를 머릿속에서 보게 된다.

만성적 걱정을 갖고 있는 사람은 자주 불행감을 느낄 것이다. 그러나 만성적 걱정은 당신의 삶을 파괴하고자 하는 끔찍한 적이 아니다. 당신의 뇌 구조나 성격에 문제가 있는 것도 아니다.

사람들은 걱정스런 생각을 털어버리지 못하는 것에 대해 매우 좌절한다. 그들은 "내가 이 정도로 형편없는 인간은 아닌데, 이 문제는 노력해도 소용이 없어요"라고 말한다. 원인은 당신에게 있지 않다. 당신이 무언가를 두려워할 때 뇌의 어떤 부분이 작동하는 것이 진짜 이유다.

대부분의 사람들은 뇌를 생각할 때 대뇌피질을 떠올린다. 이곳은 언어와 논리를 주관하는 부분으로, 의식적인 생각이 일어나는 곳이다. 뇌에는 많은 부분이 있고 각기 다른 기능을 한다. 그중 하나가 편도체다. 편도체의 주된 기능은 싸움 혹은 도주 반응(갑작스런 자극에 대하여 싸울 것인가 도주할 것인가의 본능적 반응)으로 생기는 두려움을 관장하는 것이다.

뇌의 편도체가
불안을 느끼게 만든다

편도체는 대뇌피질보다 훨씬 빨라서 싸움 혹은 도주 반응을 관장한다. 편도체는 뇌의 다른 어떤 부위보다도 먼저 외부 세계에서 보내는 정보를 눈과 귀로 직접 연결한다. 편도체는 외부 세계가 보내는 정보가 '안전한지' 재빨리 판단한다.[1]

편도체는 언어를 사용하지 않는데, 연상에 의해 배우고 기억한다. 만약 당신이 첫 번째 공황발작을 이태리 식당에서 겪었다면 당신은 그 다음부터 체크무늬 테이블보를 보거나 스파게티 냄새를 맡거나 하면 이유도 모른 채 불안하거나 불편함을 느끼게 된다. 그것은 당신의 편도체가 당신을 최대한 안전하게 보호하려고 작동 중이라는 얘기다.

대뇌피질은 이태리 식당에 샐러드와 마늘빵만 있을 뿐 위험은 없다고 알아챌 수 있다. 영화관에서는 그저 괴물에 관한 영화일 뿐 괴물은 없다고 알아챌 수 있다. 그러면 대뇌피질은 왜 편도체에게 물러서라고 말하지 않는 걸까? 편도체와 대뇌피질 사이의 신경 연결에서는 오직 일방통행만 가능하기 때문이다. 편도체만 대뇌피질에 신호를 보낼 수 있지 그 반대는 안 된다.

편도체는 위험한 환경에 재빠르게 반응하도록 하는 데 책임이 있기 때문이다. 길을 건너고 있는데 버스가 달려오면, 편도체가 작동하여 아무 생각 없이 길옆으로 뛰쳐나가게 된다. 버스가 당신에게 달려들 때 대뇌피질은 침묵하기 때문에 당신이 생각하고 있던 것은 모두 사라져버린다. 미쳐서 달리는 버스를 피하는 데는 생각이 필요 없다. 그저 빠른 행동이 필요할 뿐이다. 우리는 그 순간에 대뇌피질의 의식적이고 신중한 생각을 기다릴 시간이 없다. 대뇌피질은 과거 버스 여행을 회고하면서 쓸데없는 논쟁을 벌이는 노인들의 위원회 같다. 긴급 상황에서는 너무나 느리다.

이 때문에 당신은 걱정이 비합리적이라고 스스로에게 말하고 진정할 수 없다. 편도체는 듣지 않는다. 대뇌피질의 응석을 들어줄 시간이 없다. 편도체는 문제의 신호를 보고 반응하느라 너무 바쁘다. 이때 편도체는 자신이 알고 있는 유일한 방법, 즉 불안을 느끼고 행동하도록 이끎으로써 당신을 보호하려고 한다.

어쩌면 당신은 편도체에 대해 한두 마디 하고 싶을지도 모르나 편도체는 언어를 사용하지 않는다. 그렇다면 위험에 처하지 않았을 때 편도체가 불안 버튼을 누르지 않도록 할 수 있는 방법이 있을까?

편도체는 '작동될 때'만 배우거나 새로운 내용을 기억한다. '작동될 때'라는 의미는 걱정으로 당신이 두려워할 때를 말한다. 평상시에 편도체는 대기 중이고 아무것도 기억하지 않는다. 편도체가 위험 신호를 감지할 때만, 공감 신경체계가 작동하여 싸움과 도주에 대한 반응이 가능해지고 기억을 만들게 된다.

편도체를 재교육하고 만성적 걱정과의 관계를 바꿀 기회는, 걱정스런 생각으로 놀라고 좌절할 때 온다. 만약 당신이 개 공포증을 갖고 있다면, 두려움을 진정시키기에 충분할 만큼 오랜 시간을 개와 함께 보냄으로써 편도체를 재교육할 수 있다. 그러면 당신의 편도체는 개에 대한 새로운 관찰을 늘려갈 것이고, 개와 함께 시간을 보낸 만큼 개에 대한 만성적 두려움도 가라앉을 것이다. 당신은 편도체에게 개가 두렵지 않다고 말할 수는 없다. 그러나 편도체가 그 사실을 발견하도록 기회를 제공할 수는 있다.

당신이 만성적 걱정을 갖고 있는 사람이라면 걱정스런 생각은 개와 같다. 당신은 개 공포증을 가진 사람이 개와 함께 시간을 보내면서 두려움을 극복하듯이 걱정과 함께 지내면서 극복할 수 있다. 걱정과 싸우는 것은 소용도 없고 필요도 없다.

손바닥으로 가리면 공포 영화가 덜 무서울까

사람들은 공포 영화가 예상보다 더 무서울 때 '건너뛰기' 위해 다양한 행동을 한다. 극장을 떠나는 사람도 있다. 대부분은 그대로 남아 있으면서 두려움을 줄이려고 무언가를 한다. 구두끈을 다

시 매거나 문자 메시지를 체크하거나 하는 식으로 신경을 분산시
킨다. '이건 영화일 뿐이야' 하고 스스로에게 재차 상기시키며 인지
재구조화 작업을 시도할 수도 있다. 귀를 막거나 눈을 감아 무서
운 것을 덜 받아들이려고 하고 옆 사람을 꽉 움켜잡기도 한다.

공포 영화를 건너뛰는 데 쓰는 방법은 만성적 걱정을 다룰 때
쓰는 방법과 유사하다. 기분 전환, 생각 바꾸기, 정보 줄이기 등 3
장에서 다룬 행동은 모두 공포 영화 건너뛰기와 같은 방식으로 작
동한다. 하지만 이런 방법이 걱정을 덜지 못한다는 사실을 알아야
한다. 이 방법은 손가락으로 새는 구멍을 틀어막듯이 되풀이해서
살펴봐야 하기 때문에 오히려 걱정을 지속시킨다. 마치 맞수 두 사
람이 줄다리기를 하듯 불편한 교착 상태가 지속된다. 공포 영화를
보면서 이러저러한 행동을 한다고 해서 영화 그 자체가 덜 무서워
지는 것은 아니다. 당신이 그 영화를 다시 본다면 영화가 얼마나
무서웠는지 떠올리면서, 눈을 감는다든가 주의를 다른 데로 돌려
회피하려고 할 것이다.

공포 영화는 문제가 안 된다. 또 보지 않으면 된다. 그렇지만 걱
정에 대해 '건너뛰기' 방법을 쓰려고 한다면 이것은 큰 문제다. 걱
정스러운 생각은 때때로 자연스럽게 일어나기 때문에 계속 걱정을
하게 된다. 만일 자신의 걱정스런 생각을 무서운 영화 보듯 대한
다면 불행한 심리투쟁에 갇히게 될 것이다. 이 방법은 걱정과 관계
맺는 법을 바꾸는 것이 아니다. 오히려 걱정과의 불쾌한 관계를 유
지하려고 노력하는 꼴이다.

불안은 다양한 얼굴로
나타난다

불안은 다양한 형태로 나타난다. 심장 두근거림, 근육 긴장, 호흡 곤란, 위통, 진땀 등 육체적 감각의 형태로 불안을 경험하기도 한다.

불안은 행동으로 나타나기도 한다. 손톱 물어뜯기, 머리 잡아 뜯기 같은 강박적인 행동을 들 수 있다. 회피나 도피적 행동에는 다음과 같은 것들도 있다. 시간이 두 배 걸리더라도 고속도로로 가지 않고 국도로 돌아가기, 비행기 타는 것이 두려워 오랜 시간이 걸려도 자동차로 여행하기, 사회불안증 때문에 구내식당에 가지 않고 자기 자리에서 점심 먹기 등등. 발 구르기, 다리 흔들기, 꼼지락거리며 자리에서 움직이기와 같이 뚜렷한 목적 없이 가만히 있지 못하는 움직임 또한 불안을 행동으로 표현하는 예들이다.

불안은 생각으로도 나타난다.

이런 증상은 모두 내가 불안하다는 동일한 본질적 의미를 담고 있다. 시간이 지나면서 우리는 자신의 신경 증상이 의미하는 것이 무엇인지 배우게 된다. 처음에는 신경성 위염 증상을 질병이라고 여기기 쉽다. 하지만 몇 번 증상을 겪고 나면 질병이 아니라 불안함 때문이라는 것을 안다.

공황발작을 경험한 사람들은 오랜 동안 공황발작의 육체적 증상을 죽음의 경고나 통제력 상실로 믿는 경우가 많다. 그렇지만 공황장애에 익숙해지면서 증상은 단순히 공황 상태에 빠졌다는 것을 의미한다는 것을 알게 된다.

불안을 잠재우는
가장 믿을 만한 방법

생각은 아주 교묘하다. 사람들은 불안해서 하게 되는 행동을 보고 증상을 정확하게 해석할 줄 안다. 회의석상에서 끊임없이 다리를 흔들어대는 사람을 보고 그 사람이 정말로 축구를 하고 싶어 한다고 생각하는 사람은 없을 것이다. 손톱을 물어뜯고 있는 사람을 보고 배가 고파서 손톱을 뜯어먹고 있다고 생각하지도 않을 것이다.

그러나 우리 자신의 생각에 있어서는, 생각의 표면적 의미를 생각의 분명한 내용으로 착각하기 쉽다. 만약 불안한 마음에서 '내가 암에 걸리면 어쩌지?'라는 생각을 한다고 치자. 그러면 나는 암에 대한 생각 자체가 암의 신호인 것처럼 반응한다. 실상 그 생각은 암이라는 생각에 집중한 결과 생긴 불안의 표현일 뿐이다.

궁극적으로 만성적 걱정이 내보이는 걱정스런 생각의 진짜 의미는 대체로 생각의 내용과 주제와는 거의 상관이 없다. 걱정스런 생각의 진짜 의미는 공황발작 시에 경험하는 가슴 두근거림, 발표를 준비하는 사람이 경험하는 진땀과 마른 입술 같은 의미다.

그러니까 "나는 불안하다"라는 것이다. 분명하고 단순하게, 나는 불안하다는 것이다.

만성적 걱정 문제를 해결하는 방법은, 그것을 없애는 것이 아니라 대응하는 새로운 방법을 찾는 것이다.

당신이 아주 기분 나쁜 공포 영화를 '건너뛰는' 대신에 강렬한 감정 없이 볼 수 있는 상태에 이르고 싶어 한다고 가정해보자. 공포 영화를 보는 것이 괴롭지 않은 지점에 어떻게 도달할 수 있을까?

공포 영화에서 공포를 느끼지 않는 가장 믿을 만한 방법은 그 영화를 몇 번이고 되풀이해서 보는 것이다. 이때 무서운 부분을 건너뛰거나 소리를 죽이거나 하지 말고 반복해서 영화에 흠뻑 빠져야 한다.

공포 영화 팬들은 이런 경험을 자주 한다. 새 공포 영화가 마음에 들면 공포 영화 광들은 수차례 반복해서 영화를 본다. 여러 번 보다 보면 처음 볼 때와 같은 공포의 즐거움을 느낄 수 없게 된다. 마음에 들었던 영화를 거듭 보면서 지루해진다. 바로 이것이 우리가 만성적 걱정에 대하여 이루려는 것이다. 걱정을 더 지루하고 덜 괴로운 것으로 만드는 것이다.

다음 두 장에서 자세하게 설명할 것이다.

5장

내 머릿속 생각을 어떻게 떨쳐버릴 것인가

"내가 노력할수록 상황은 더 나빠져요."

나를 찾아오는 내담자들에게 가장 많이 듣는 말이다. 당신도 이런 생각이 든 적이 있는가?

원치도 않고 도움도 안 되는 걱정을 없애기 위해 너무도 열심히 노력하지만 아무런 성과도 얻지 못한다. 상황이 나아지기는커녕 더 악화되는 듯 보인다. 얼마나 절망적인가?

당신이 3장에서 묘사한 방법을 사용해왔다면 당신은 상황을 더 나쁘게 만들고 있는 것이다. 당신은 최선의 노력에도 불구하고 만성적 걱정을 계속 갖고 있는 것이 아니다. 최선의 노력 때문에 계속 만성적 걱정을 갖고 있는 것이다. 정말 지독한 아이러니다. 걱정을 멈추려는 노력이 걱정을 지속시키는 주된 이유라니 말이다.

노력할수록 상황이 더 나빠진다면, 자신이 시도하는 방법을 자세히 들여다봐야 할 것이다. 당신은 원하는 결과를 얻을 수 없는 헛된 노력을 기울이도록 속아왔고 계속 그 방향으로 떠밀려온 것이다.

만성적 걱정은 비유하자면 '불에 휘발유 붓는 식'의 문제이다. 불이 난 이웃집을 발견하고 부리나케 가까이 있는 액체를 집어 드는 사람을 생각해보자. 불행하게도 그가 집어 든 액체는 뒤뜰에 있는 휘발유 양동이인 것으로 드러난다. 그는 서두르다가 양동이에 든 것이 물이라고 생각한다. 그리하여 그는 불에 휘발유를 들이붓고 불은 더 높이 더 뜨겁게 타오르게 된다. 문제가 더 커지는 것을 보고 그는 정신없이 더 많은 휘발유를 쏟아 붓고, 불은 더 커진다. 그가 노력할수록 불은 더 커진다.

취미로 휘발유를 모으는 이웃이 당신에게 다음과 같이 소리친다고 가정해보자. "여보세요, 이건 말이 안 돼요. 당신은 불에 휘발유를 붓고 있다고요."

당신은 무엇을 할 것인가? 자신이 불난 데 휘발유를 부었다는 것을 깨닫고는 망연자실 넋을 놓고 있다. 당신은 이런 실수를 한 자신을 심하게 사책하며 좌절한다. 이제 무엇을 해야 할까? 첫 번째 난계는 분명하다. 양동이를 내려놓고 불에 휘발유를 들이붓는 것을 멈추는 것이다!

어떤 것도 휘발유를 불에 들이붓는 행위보다 나을 것이다. 거기서 그냥 아무것도 하지 않는 편이 더 낫다. 불난 집에 휘발유를 더 빨리 더 많이 부으려고 하지 마라. 휘발유를 내려놓아라!

이 비유는 만성적 걱정에 대처하는 우리의 노력에 대해 무엇을 이야기해주는가? 만성적 걱정에 갇히게 되면 문제를 풀려는 본능에 의해 상황을 더 악화시키는 쪽으로 행동한다는 것을 의미한다. 당신은 3장에서 만든 목록 속의 수많은 걱정들, 없다면 더 좋았을 걱정들에 어떤 식으로든 응답할 것이다. 그것이 당신의 휘발유 양동이다.

노력할수록 더 나빠진다면, 다른 해법이 필요하다

어떻게 이런 일이 일어날 수 있는가? 상황을 개선하려고 노력하는데 어떻게 악화될 수 있단 말인가?

걱정은 특별한 종류의 반직관적인 문제다. 반직관적인 문제를 직관적인 해결책으로 풀려고 할 때 상황은 악화된다.

내 아들은 세 살 때 모든 것에 "싫어"라고 말하곤 했는데 그것은 내게 반직관적인 문제였다. 나는 애가 자아를 형성하고 강력한 단어를 사용하는 법을 배우는 중이라는 것을, 그리고 아이에게 아주 흥분되고 재미있는 일이라는 것을 때때로 잊어버렸다. 그럴 때면 아이에게 다가가 마치 어른 수준의 지식을 아이와 나눠야 하는 양, 아이의 잘못을 바로잡아 주어야 하는 양 행동했다. 그래서 우리는 논쟁을 벌였다. 논쟁을 할수록 아이는 "싫어"라고 말하며 더 즐거워했다.

그렇다. 반직관적인 문제를 직관적인 해결책으로 풀려고 하면 실패한다. 반직관적인 문제를 풀기 원한다면 반직관적인 해결책이 필요하다. 불에는 불로 싸울 필요가 있는 것이다.

예를 들어보자. 나는 강아지가 끈에서 풀려났을 때 강아지를 쫓아가면 강아지가 도망간다는 것을 어린 시절에 배웠다. 강아지는 다리가 네 개고 나는 두 개다. 그러니 결과는 언제나 뻔했다. 그러나 내가 강아지로부터 도망을 가면 강아지가 나를 쫓아오고 그러면 내가 개목걸이를 잡을 수 있는 것이다. 반직관적인 해결책이다.

바닷속으로 걸어 들어가는데 커다란 파도가 다가온다면 어떻게 할 것인가? 몸을 돌려 해안가를 향해 달린다면 파도가 당신의 어깨를 치고 넘어뜨릴 것이다. 당신은 짠물과 모래를 삼키고 있을 것이다. 그러나 파도의 밑바닥으로 뛰어 들어가면 파도는 마치 아무것도 아닌 것처럼 당신을 지나칠 것이다. 반직관적인 대응이다.

반직관적인 문제는 많다. 당신은 자연스러운 본능에 의해 '더 열심히' 노력하지만 상황은 악화될 뿐이다. 세상이 당신의 노력에 응답하지 않을 때 그것은 모욕처럼 느껴진다. 상황은 악화되고, 당신은 좌절감에 시달린다.

생각은 현실과
아무 상관이 없다

반직관적인 문제와 관련해 앞에서 든 예들은 바깥세상에서 벌어지는 일들이다. 우리 마음속, 내면세계에서 반직관적인 도전에 직면할 때 문제는 더욱 교묘해진다. 우리의 뇌는 컴퓨터와 달라서 단순하게 출력하지 않는다. 컴퓨터는 문제에 대한 답을 출력한다. 컴퓨터는 자신이 생산한 답에 관하여 아무런 의견이 없다.

우리의 뇌는 그렇지 않다. 우리는 걱정을 포함하여 많은 생각을 갖고 있다. 우리는 또한 자신의 생각에 대한 태도와 신념, 생각을 갖고 있다. 생각에 대한 신념 중 3장에서 짧게 살펴본 개념 중에 생각이 위험할 수도 있다는 믿음이 있다. 그것에 대해 다시 한번 살펴보자.

1분만 시간을 내서 이 책이 당신의 손 안에서 불타고 있다고 생각해보자. 아주 세밀하게 생각해보자. 불꽃이 종이를 휘감는 모습을 그려보라. 하얀 종이가 회색빛 재로 바뀌며 종이 타는 냄새가 진동을 하고 연기가 천장을 향해 나선형을 그리며 올라간다. 하시라도 화재경보기가 울리기 시작해야 한다. 그러나 당신은 이 책을 읽고 있다. 책은 타지 않았다.

생각은 위험하지 않다. 위험한 행동만이 있을 뿐이다.

생각을 멈추려고 하면
왜 더 생각날까

많은 사람이 자신의 생각을 통제해야만 한다고 믿고 있다. 그들은 자신이 원하는 생각만 하고 원하지 않는 생각은 하지 말아야 한다고 생각한다.

이 신념을 갖고 있는 사람들은 종종 자신의 생각이 마음대로 되지 않아 불편하고 언짢다. 몇 번이고 자신이 걱정하고 두려워하는 사건이 일어날 가능성이 없다는 증거를 검토한다. 그들은 자신에게 "걱정할 게 아무것도 없다"고 말한다. 그리고 일을 보러 간다. 그러나 곧 이전과 똑같은 걱정을 하게 된다. 그러면 자신에게 미칠 만큼 화가 난다. 왜 바보 같은 생각을 반복하느냐며 스스로를 질책한다.

진실은 우리가 자신의 생각을 정확하게 통제할 수 없다는 데 있다. 그리고 언제나 걱정할 무언가가 있다. 우리가 상상할 수 있는 모든 것에 대해 걱정할 수 있기 때문이다. 실제적인 위험이 없어도 걱정은 시작된다.

이 실험을 해보라. 코끼리에 대해 20초 동안 생각해보고 그리고 생각을 멈춰라. 더 이상 코끼리에 대해 생각하지 말라. 1분 동안 코끼리를 마음속에서 내몰아라. 기다란 코도 없고, 나팔 부는 듯한 큰 울음소리도 없고, 상아도 없다.

어떤가? 아마도 오직 코끼리만 생각하며 시간을 보낸 것처럼 느꺼질 것이다. 1분 동안 코끼리에 대해 아무 생각도 하지 않았다고 느껴진다고? 어떻게 그것을 아는가? 당신이 코끼리에 관해 생각하지 않는 유일한 길은 코끼리에 관해 생각하는 것이 무엇인지를 생각하고, 또 코끼리 생각을 하지 않으려고 노력하는 동안 그 생각을 하는지 안 하는지 지켜보는 것이다. 코끼리 생각을 작정하고 하든 하지 않으려고 노력하든 당신의 뇌는 코끼리를 생각하고 있는 것이다.

절박하게 무언가에 대한 생각을 멈추려고 할 때 당신은 그에 관한 생각을 더 하게 된다. 사고 억제(thought suppression)에 대한 심리학 연구[1]는 어떤 생각을 잊으려고 노력하면 생생하게 되살아난다는 것을 보여준다.

우리의 감정도 마찬가지이다. 우리는 자신의 생각이나 감정을 통제하지 못한다. 그 점에 있어서는 육체적 감각도 마찬가지다. 원치 않는 생각과 느낌을 떨쳐내려고 노력할수록 더 강해지는 것이다.

위는 음식물을 소화시키고, 뇌는 고민거리를 만들어낸다

뇌는 위, 신장, 간과 같은 다른 인체기관처럼 달성해야 하는 임무가 있다. 위는 음식을 소화한다. 신장은 혈류에서 나온 찌꺼기를 제거하고 오줌을 생산한다. 뇌는 무엇보다 문제를 감지하고 해결책을 제시한다. 실제로 뇌는 균형을 유지하고 다른 신체기관을 모니터링하고 긴급 상황을 주시하는 등의 역할을 하는데, 이런 일은 우리가 의식하지 못하는 사이에 행해진다. 생각하기, 계산하기, 언어 활동 등 우리가 주의를 기울이는 뇌의 활동은 실제로 대뇌피질에서 일어나는 뇌 활동 중 아주 작은 부분에 해당된다.

옛 속담에 이런 말이 있다. "마음은 멋진 하인이지만 끔찍한 주인이기도 하다." 뇌는 쓸모 있는 도구이다. 우리는 뇌에 지시를 내려 다리를 설계할 수도 있고 소행성에 로켓을 쏘아 올릴 수도 있으며 세금을 계산할 수도 있다. 그렇지만 뇌는 할 일이 없어지면 스스로 생각을 일으켜 장난을 치기도 한다.

오랜 시간 동안 음식을 먹지 않으면 위는 소화시킬 음식이 없어도 희한한 소리를 내며 무언가를 소화시키기 시작할 것이다. 위가 자신의 역할을 다하려고 움직이는 것이다. 뇌도 마찬가지다. 뇌가 풀어야 할 문제가 없는 상태라면 뇌는 문제를 만들어내 풀고자 시도한다. 그것이 바로 만성적 걱정으로, 뇌가 문제를 만들어내고 그것을 풀고자 노력하는 것이다. 그리고 당신은 뇌가 만들어낸 문제를 진지하게 받아들인다.

보통 사람들은 별로 바쁘지 않을 때 더 많이 걱정한다. 해야 할 일이 많아 정말 바쁠 때는 한가할 때만큼 걱정을 하지 않는다. 어쩌면 당신은 걱정을 덜기 위해 '바쁘게 만들기' 방법을 사용했을지도 모른다. 바로 이 때문이다. 걱정은 여가 활동이다. 걱정은 한가한 시간을 채우기 위해 커지거나 줄어든다. 당신의 뇌는 할 일이 없어서 카펫을 씹는 지루한 강아지처럼 행동한다.

우리는 강아지가 더 이상 카펫을 씹지 않도록 훈련시킬 수 있다. 다른 씹을 거리를 제공하면 효과가 크다. 그렇지만 뇌가 문제를 생각하지 않도록 훈련시킬 수는 없다. (그것이 뇌의 주요 목적이니까.) 배고플 때 위가 우르릉거리는 소리를 내지 않도록 훈련시킬 수 없는 것과 마찬가지다. 대신에 걱정과 관계 맺는 방법을 바꿀 필요가 있다.

마음 편히 쉬기가
제일 어려운 일

나는 불안장애를 치료하는 전문 치료사들을 대상으로 워크숍을 지도하고 있다. 나는 거짓말탐지기 비유를 들면서 워크숍을 시작하는데, 그것은 '수용전념치료(acceptance and commitment therapy)'에서 흔히 쓰는 방법이다.[2] 나는 자기소개를 하기도 전에 인사도 하지 않고 이런 이야기를 시작한다.

한 남자가 내 사무실로 걸어 들어온다. 그는 자신이 한 말을 반드시 실천하는 사람이다. 남자는 총을 들고 있다. 그가 총을 거누며 내게 말한다. "당신이 여기 사무실에 있는 가구를 전부 대기실로 옮겼으면 좋겠어. 아니면 당신을 쏠 거야."

(나는 청중에게, 그리고 지금 이 책을 읽는 독자에게 묻는다) "인간의 행동을 배우는 학생으로서 결과가 어떠리라고 예상하는가?"

청중들은 이렇게 말한다. "가구를 옮기겠죠!"

그래 맞다. 나는 가구를 옮기고 살아남는다.

일주일이 지나고 그 남자가 다시 온다. 같은 남자, 같은 총. 그는 말한다. "이제 당신이 할 일은 애국가를 부르는 것이다. 첫 소절만 불러도 충분하다. 애국가를 부르지 않으면 당신을 쏠 것이다."

나는 노래를 부르고, 살아남는다.

또다시 한 주가 지나고 남자가 또 나타난다. 이번에는 동료를 하나 데리고 오는데, 그는 전자기기를 담은 카트를 끌고 들어온다. 남자는 말한다. "여기 내 조수가 거짓말탐지기를 가져왔다. 감정을 탐지하는 데 오류가 없는 지구상에서 가장 좋은 거짓말탐지기다. 조수가 당신에게 거짓말탐지기를 연결할 것이다. 당신은 그저 편안히 쉬기만 하면 된다. 편안히 쉬지 못하면 당신을 쏠 것이다."

어떤 결과가 나올 것으로 예상하는가?

나는 결코 편하게 쉬지 못한다. 온갖 걱정과 감정이 끝없이 올라올 것이기 때문이다. 내가 아무리 그런 생각과 싸워도 나는 이기지 못할 것이다.

이것이 만성 불안장애를 앓고 있는 4천만 명 미국인들의 상황에 대해 내가 말하고자 하는 포인트이다. 그들은 매일 매일 걱정으로 깨어나며, 불안해하지 않으려고 노력한 결과 더 불안해지고 불안에 저항하기 위해 더 깊은 구멍을 파는 악순환에 빠져 있다. 내 생명을 지키기 위해 가구를 움직이고 노래를 부를 수는 있지만, 편안히 쉬지는 못하는 것이다.

'수용전념치료(ACT)'의 관점에서 보면 답은 우리 삶을 지배하는 두 가지 중요한 경험법칙에 있다.[3] ACT는 인지행동치료(CBT) 학파에 속하는 치료법이지만 전통적인 CBT와 아주 다른 개념을 갖고 있다. 특히 생각이나 감정, 육체적 감각의 통제와 관련된 부문에서 다르다.

첫째, 우리는 살아가면서 중요한 경험법칙을 배우게 된다. 노력하면 할수록 그리고 투쟁하면 할수록 내가 원하는 것을 얻을 수 있는 가능성이 커진다는 것이다.

그러나 그것만이 우리가 살아가는 유일한 규칙은 아니다. 우리의 내면세계, 생각과 감정, 육체적 감각을 관장하는 두 번째 경험법칙이 있다. 생각, 감정, 육체적 감각을 거부하면 할수록 더 많이 갖게 된다는 것이다.

내면세계의 생각과 감정, 육체적 감각을 관장하는 규칙은 외부세계를 지배하는 규칙과 정반대다. 외부 세계에 대처하는 방법과 똑같은 방법으로 당신의 생각과 감정과 육체적 감각에 대처한다면 실패할 수밖에 없고 당신은 매번 슬픔에 빠져 좌절할 것이다.

당신이 만성적 걱정에서 벗어나려고 열심히 투쟁하는데도 평화와 안정을 구하지 못한다면, 두 번째 규칙을 사용하는 것이 좋을 것이다.

악순환의 고리를 끊으려면 반대 방향으로 가라

이것은 많은 불안 증상에 적용할 수 있는 중요한 경험법칙이다. 만성적 걱정에 적용하면, 다음과 같다.

1장에서 다룬 '걱정의 속임수'를 상기해보자. 당신은 걱정이 올라오면 무언가 안 좋은 일이 일어날 것이라고 의심하고, 위험으로 간주한다.

위험을 느낄 때 우리가 대처하는 방법은 세 가지다. 싸우거나(fight), 도망가거나(flight), 얼어붙는다(freeze). 상대가 나보다 약해 보이면 나는 싸울 것이다. 나보다 강하지만 느리게 보인다면 나는 도망갈 것이다. 나보다 강하고 빨라 보인다면 나는 그대로 얼어붙어 눈에 띄지 않기를 바랄 것이다.

싸우고/도망가고/얼어붙는 방법은 모두 걱정을 멈추기 위해 걱정에 맞서는 방법이다. 걱정하는 자신에 미쳐버릴 것 같거나, 신경을 분산시키기 위해 싸우거나, 친구나 인터넷에서 위로를 구하거나, 마약이나 술에 의지하거나, 미신적인 의례에 빠지거나, '진정시키기 위한 고투'를 벌이는 모든 방법이 이에 속한다.

그렇지만 의심은 위험이 아니다. 그것은 그냥 불편한 것이다. 불편함의 좋은 점은 무엇일까? 불안에 관한 책을 쓴 오스트레일리아 의사 클레어 윅스는 사람들에게 불안 위로 '떠다닐 것(float)'을 추천했는데, 그 방법은 50년이 지난 지금도 효과가 있으며 인기를 끌고 있다.[4] 그가 '떠다니라'고 한 말이 무슨 의미인지 모호하기는 하지만, 나는 그가 문자 그대로 수영의 반대 의미로 떠다니라고 했다고 생각한다. 아무 노력하지 않고 그저 환경이 이끄는 대로 맡기고 내 일을 하는 것이다.

더 이상 걱정을 위험으로 간주하지 말아야 한다. 다시 말하지만, 걱정은 불편할 뿐이다. 걱정을 위험으로 받아들이면 싸우거나 도망가거나 얼어붙는다. 그것은 불에 휘발유를 들이붓는 것과 마찬가지다. 그래서 '걱정의 속임수'가 힘이 있는 것이다.

마치 컴퍼스가 180도 거꾸로 돼 있어서, 남쪽을 가리키지만 실제로는 북쪽을 보여주는 것과 같다. 만약 당신이 180도 거꾸로 된 컴퍼스를 갖고 있고, 그 사실을 안다면, 당신은 집을 찾아갈 수 있을 것이다. 이때 반드시 컴퍼스가 가리키는 방향과 반대 방향으로 가야 한다.

6장

걱정에 붙잡히기 전에 걱정을 붙잡는 방법

만약 당신이 만성적 걱정에 시달리고 있고 그에 대처하기 위해 투쟁하고 있다면, 당신이 반가워할 만한 한 가지 사실이 있다. 당신이 하는 걱정의 99.9%는 마음속에 들어올 때 실제 모습을 드러낸다. 그것은 마치 걱정이 도착을 알리기 위해 커다란 깃발을 흔드는 것과 같다. 만성적 걱정은 '만약 ~면 어쩌지?(What if)'라는 두 단어와 함께 찾아온다.

이 사실은 당신에게 유리하다. 왜냐하면 마치 총소리가 경기 시작을 알리고 앰뷸런스 사이렌 소리가 길을 비켜달라고 신호하듯이, 이 두 단어가 당신이 걱정의 세계로 유인되고 있음을 알려주기 때문이다.

어쩌면 당신은 그것이 유리한 점이 아니라고 생각할 수도 있다.

당신은 걱정스런 생각을 억압하고 무시하려고 노력하는 데 너무 익숙해 있어서, 그런 생각에 주의를 기울이도록 하는 것은 전부 도움이 안 된다고 여길 수도 있다. 원치 않는 걱정이 몰려오는 것을 간신히 막고 있는 터라 그것을 의식 밖으로 몰아내는 것이 더 낫다고 생각할 수도 있다.

그러나 이제 당신도 이해했을 것이다. 걱정에서 달아나려고 애쓸수록 더더욱 수렁으로 빠져든다는 사실을.

'만약 ~면 어쩌지?'는 유용한 신호이다. '만약 ~면 어쩌지?'는 소매치기처럼 당신 주변에서 몰래 움직인다. 당신은 '만약 ~면 어쩌지?' 다음에 오는 말을 그제야 인지하고 그에 반응을 보일 것이다. 거기가 모든 만성적 걱정이 유래하는 곳이다. '만약 ~면 어쩌지?'는 복통을 선사할 무언가를 물게 하는 미끼이다.

만약 당신이 인지하지 못한 채 걱정이 당신을 사로잡는다면 당신은 걱정과의 관계를 변화시킬 수 없다. 당신이 '만약 ~면 어쩌지?'의 내용을 더 잘 인지하고 그 의미를 제대로 이해하면 정말로 도움이 될 것이다. 그렇게 되면 걱정에 다르게 반응하는 훈련을 시작하고 또 걱정과 새로운 방식으로 관계 맺기를 할 수 있을 것이다.

자, 이제 걱정을 나타내는 문장을 도표화하는 작업을 시작해 보자.

'만약 ~면 어쩌지?': 나의 걱정 문장 만들기

다음은 만성적 걱정의 흔한 문장 구조이다. 두 구절로 이루어진다.

만약 … _____ 면 어쩌지?

(여기에 재난을 삽입하라)

'만약 ~면 어쩌지?'라는 구절에 대하여 잠시 생각해보자. 여기서 '만약 ~면 어쩌지?'라는 구절이 의미하는 바는 무엇인가? 우리가 '만약 ~면 어쩌지?'라고 얘기할 때 전달하고자 하는 바는 무엇인가?

여기서 내 말을 잘 이해하지 못할 수도 있다. 그러니 내게 설명할 기회를 달라. 우리가 '만약 ~면 어쩌지?'라는 생각에 들어가는 경우를 생각해보자. 개 한 마리가 다가와서 나를 무는 상황이다. 개에게 물렸는데 '만약 개가 나를 물면 어쩌지?'라고 생각할 가능성은 얼마나 될까? 별로 없을 것이다. 개가 물면 아파서 그냥 "아야!"라고 말할 것이다.

만약 개가 내게로 와서 털을 곤두세우고 이빨을 드러내고 으르렁거린다면, '만약 개가 나를 물면 어쩌지?'라고 생각할 가능성은 얼마나 될까? 여전히 별로 없을 것 같다. 나는 개 주인을 찾아서 주변을 돌아보거나, 나를 방어하는 데 쓸 막대기를 찾거나, 뛰어오를 담이나 기어오를 나무를 찾거나 할 것이다. 나는 할 수 있는 한 나를 보호하기 위한 방안을 찾는 데 집중할 것이다.

그렇다면 나는 언제 '만약 개가 나를 물면 어쩌지?'라는 생각을 할까?

개에게 물렸을 때도 아니고 막 물리려고 할 때도 아니다. 내 다리에 개 이빨이 닿을 때 그런 생각을 하지는 않을 것이다. 개가 나를 공격하려고 준비할 때 그런 생각을 하지는 않는다. 나 자신을 보호하느라 너무 바쁘기 때문에 어느 것도 생각할 수 없다!

개가 위협하지 않을 때 나는 '만약 개가 물면 어쩌지?'라고 말하거나 생각한다. 내 대뇌피질이 중심 무대를 차지하고 편도체가 뒤에서 대기하고 있을 때 그런 말을 하거나 생각한다. 내게 개 공포증이 있다면, 기차를 타기 위해 집을 막 떠나서 몇 블록 걸어갈 때 그 생각을 할지도 모른다. 만약 기차를 타러 가는 도중에 개가 실제로 공격을 하면, 내 편도체가 발동하여 대뇌피질의 엉뚱한 소리를 잠재우고 나를 보호하는 데 필요한 방안을 찾을 것이다. 노인 원로회와의 대화는 더 이상 개에게 위협받지 않을 때까지 미뤄질 것이다.

개의 공격은 걱정의 원인이 되지 않는다. 그것은 자기 보호에 필요한 행동을 촉발할 뿐이다!

그렇다면 '만약 ~면 어쩌지?'라는 구절이 갖고 있는 의미는 무엇인가?

'~인 척하자' '무언가 나쁜 것을 가정하자'라는 의미이다. '지금 여기에는 바깥세상에서 일어나지 않고 있는 무엇이 있다. 그렇지만 그것이 일어나고 있다고 가정하자.' '만약 ~면 어쩌지?'라는 생각은 바로 이런 의미를 갖고 있는 것이다.

그렇지만 당신은 그 생각이 정말로 '그럴 수 있어' 혹은 '가능한 일이야'를 의미한다고 생각할 수 있다. 그 생각이 어떤 나쁜 일에 대한 중요한 신호일 수 있다고 생각할 수도 있다. 만약 그런 경우라면 당신에게 또 다른 질문을 하고 싶다.

그렇다면 절대로 불가능한 일은 무엇인가?

시간을 갖고 생각해보라. 그렇지만 나는 당신이 답을 갖고 오리라고 생각하지 않는다. 아무리 오래 생각해도 불가능해 보이는 것은 정말로 아무것도 없다. 그것이 당신의 내면세계와 바깥세상의 차이다. 바깥세상에는 현실을 지배하는 규칙이 있다. 우리의 마음속에는 규칙이 없다. 아무리 있음직하지 않거나 불가능해 보여도 어떤 것이든 상상할 수 있고, 그래서 그것이 불가능하다는 것을 증명할 수는 없다.

걱정 문장의 빈칸에 무엇이 오는가? 당신이 그 날, 그 주, 그 달, 그 해에 가장 크게 걱정했던 것이라면 아무것이나 올 수 있다. 당신이 직업, 건강, 배우자, 보일러 문제로 걱정한다면 그것이 빈칸에 올 것이다.

그래서 우리는 다음과 같은 문장을 갖게 된다.

… 인 _____ 척하자.

(어떤 재난)

만성적 걱정에서 '만약 ~면 어쩌지?' 부분은 모두 무엇인 척하는 가장에 관한 것이다. 만성적 걱정으로 인해 당신이 무언가 가장할 때, 그 내용이 얼마나 중요한지 아닌지는 상관이 없다. 가장은 제로 곱셈과 같다. 숫자가 아무리 크더라도 제로를 곱하면 아무것도 아닌 것이 된다.

뇌는 쓸데없는 생각도 많이 만들어낸다

'매드립(Mad Libs)' 게임을 아는가? 1960년대에 아주 인기를 끌었던 파티 게임이다. 여러 군데 단어가 빠져 있는 아주 짧은 이야기로 가득한 책이다. 친구들에게 책을 보지 말고 이야기를 완성하는 데 필요한 단어를 말해달라고 요청한다. 당신은 친구들에게 부사, 색깔, 숫자, 고유명사 등 제시된 범주에 속하는 단어를 달라고 요청한다. 당신은 친구들이 불러주는 단어를 받아서 필요한 자리에 적어 넣고 완성된 이야기를 읽어준다. 그러면 친구들은 재미있어 하며 웃는다. 특히 당신이 맥주를 많이 제공했다면 더더욱. 이것이 인터넷이 나오기 전에 우리가 재미있게 놀던 방법이다.

'만약 ~면 어쩌지?'라는 문장, 즉 만성적 걱정의 발언은 불안의 매드립 게임이다. 그 정도로 임의적이며 무작위적이다. 당신은 빈 칸에 아무 재난이나 채울 수 있다. 무엇을 골라도 상관없다. 당신이 좋아하는 '단골' 걱정을 고르면 다 들어맞는다. 그것들은 '~인 척하자'라는 전제가 있기 때문에 모두 들어맞는다.

문제는 당신이 가장하고 있다는 사실을 잊어버린다는 점이다.

만성 걱정병을 앓고 있는 사람들은 시간이 지나면서 그 생각에 너무 익숙해져 ~인 척 가장했다는 사실을 인지하지 못하게 된다. 한참 후에는 '만약 ~면 어쩌지?' 부분도 알아채지 못할지도 모른다. 당신의 생각이 유일하게 인지하는 부분은 선동적이고 과장된 재난 구절뿐이다.

'만약 ~면 어쩌지?' 구절을 인지하지 못할 때 당신의 마음속에는 재난을 암시하는 생각이 꾸준하게 북소리처럼 들려온다. 당신은 그것이 가장이라는 사실을 알아채지 못한다. 사람들이 걱정에 대해 왜 그렇게 불안해하고 좌절하는지 이해가 간다. 그것은 오직 나쁜 뉴스만 계속 쏘아대는 케이블 TV 채널과 같다.

당신이 '만약 ~면 어쩌지?' 구절을 인지하지 못하고 놓칠 때, 북소리처럼 들려오는 소리는 다음과 같다.

만약 암에 걸리면 어쩌지?

만약 배우자가 나를 떠나면 어쩌지?

만약 발표를 망치면 어쩌지?

만약 내가 너무 불안해서 나를 테러리스트라고 생각하면 어쩌지?

만약 점심시간에 식당에서 정신을 잃으면 어쩌지?

이 생각은 커다란 잠재적 힘을 갖고 있다. 이 상태가 지속되면 우리는 이 생각이 '만약 ~면 어쩌지?'라는 가정에서 출발했다는 사실은 그냥 지나치고 오직 재난 구절에만 집중하게 된다. 그 결과 그 메시지가 사실인 것처럼 받아들이게 된다.

이것이 우리가 걱정 문제에 대처하는 데 부딪히게 되는 장애이다. 우리는 생각을 가치 있게 여기고, 생각이 인간을 동물과 구별하는 특성이며 수십억 년 진화의 백미라고 생각해왔다. 우리는 인간의 생각을 소중히 여긴다. 특히 대부분의 사람들은 자신의 생각을 가치 있게 생각할 만큼 자의식이 강하다. 생각은 좋고 강력하고 중요하며, 특히 내 생각은 특별히 좋고 강력하고 중요하다고 믿는다. 우리는 확실히 걱정에 이런 식으로 대응한다. 만약 우리가 이런 생각을 그렇게 중요하게 받아들이지 않는다면 우리에게 그렇게 많은 슬픔을 선사하지도 않을 것이다.

우리의 뇌는 놀라운 문제 해결 도구이다. 뇌는 바퀴, 말, 글, 혜성 착륙에 필요한 계산법을 만들어냈다.

그러나 뇌는 여전히 풀어야 할 문제를 찾는 문제 해결 기관이다. 특별히 긴급한 문제가 없다면 뇌는 그냥 무언가 하기 위해 문제를 만든다. 당신이 아무리 똑똑해도 상관이 없다. 당신 생각 중 얼마만큼은 그냥 시끄러운 난센스에 불과할 뿐이다.

걱정이 던지는 미끼를
물지 않으려면

'만약 ~면 어쩌지?' 구절은 4장에서 언급했던, 황소에게 흔드는 투우사의 붉은 깃발과 같다. 당신이 투우 직전에 황소와 대화를 한다고 상상해보자. 나는 그 대화가 다음과 같이 진행되리라고 생각한다.

들어봐 황소야, 나는 네가 붉은 깃발을 볼 때 어떤 기분이 드는지 알아. 피가 끓어오르지? 발로 땅을 차고 크게 콧방귀를 뀌며 달려가 깃발을 납작하게 해주고 깃발을 들고 있는 놈도 똑같이 그렇게 해주고 싶을 거야. 그렇지만 네 사촌 토로한테 무슨 일이 생겼는지 기억해봐. 그 녀석은 깃발을 향해 달려들었는데 누군가 그 녀석 등에 단도를 꽂았어. 그때 누군가 다시 깃발을 흔들었지. 토로가 돌진하자 그치는 목에 칼을 꽂았어. 그건 속임수였어. 사람들은 붉은 깃발을 미끼로 삼은 거야. 사람들이 너를 향해 깃발을 흔들기 시작할 때 네가 해야 할 일은 그것이 속임수라는 것을 기억하는 거야. 차라리 땅바닥에 누워버려. 미끼를 물지 마. 속아 넘어가지 마.

황소를 이렇게 훈련시키기는 정말로 어려울 것이다. 그러나 당신은 '만약 ~면 어쩌지?'라는 미끼를 물지 않고 지나가거나 '만약 ~

면 어쩌지?'를 인지하고 다르게 반응하도록 스스로를 훈련시킬 수 있다.

첫 번째 단계는 '만약 ~면 어쩌지?' 구절을 의식적으로 더 잘 알아채는 것이다. 이것은 '(나쁜 것)인 척하자'라고 말하는 부분이다. 이 구절을 알아채지 못하면 가장하는 것도 놓치기 쉽다. 일반적으로 그 다음에 따르는 재난 구절은 너무 속상하고 기분 나쁜 것이어서 '만약 ~면 어쩌지?' 부분에 대하여 잊어버리기 쉽다.

'만약 ~면 어쩌지?' 구절을 더 쉽게 알아채는 방법이 있다.

걱정이 슬며시 마음속으로
들어올 때 해야 할 일

먼저 민트 제품 몇 병을 구해서 항상 주머니나 지갑에 지니고 다녀라. '만약 ~면 어쩌지?' 하는 생각이 들 때마다 민트 병에서 민트 1개를 꺼내라. 먹어도 되고 쓰레기통에 던져 버려도 된다.

이런 식으로 한 주 동안 '만약 ~민 어쩌지?'라는 생각을 몇 번이나 하는지 알 수 있다. 남의 시선을 의식할지도 모르지만, 전혀 그럴 필요가 없다. 다른 사람들은 그저 민트 한 알을 먹고 있는 사람으로 볼 테니까.

민트 먹기를 두어 주 해보면, '만약 ~면 어쩌지?' 생각을 알아채는 능력이 상당히 좋아질 것이다. 더 이상 그런 생각이 부지불식간에 마음속으로 슬며시 들어오지는 않을 것이다. 이제 당신은 그 습관에 대해 점점 더 많이 인식하게 되고, 그 생각은 당신을 우롱하는 힘을 잃기 시작할 것이다.

대부분의 사람들은 '만약 ~면 어쩌지?'라는 문구가 얼마나 힘이 센지 빨리 알아챈다. 때때로 '~를 상정하면', '가능하지 않은가'와 같은 표현으로 미래의 나쁜 일을 상상하는 사람도 있다. 당신을 걱정하도록 꾀는 미끼가 조금 다른 말로 표현될 경우에도 똑같이 민트를 사용할 수 있다.

민트를 사용하다 보면 자신이 얼마나 자주 '만약 ~면 어쩌지?' 하는 생각을 하는지를 알게 되어 기분이 상할지도 모른다. 또 그런 생각이 너무 자주 일어난다는 것을 깨닫고 압도당할 수도 있다.

비록 처음에는 실망하고 낙담할지 모르지만, '만약 ~면 어쩌지?'를 놓치지 않고 제대로 인식한다는 것은 좋은 소식이다. 진정한 변화가 시작되었다는 신호이기 때문이다.

'나는 왜 이럴까'라는 질문은 위험하다

'만약 ~면 어쩌지?'라는 질문은 마음의 평화를 훔쳐가는 소매치기와 같고 너무나 감쪽같아서 실제로 무슨 일이 일어나는 줄도 모른다. 대부분의 소매치기에게는 범행 대상자의 주의를 끄는 공범이 있다.

'왜'라는 질문은 소매치기의 공범이다.

당신은 자신의 뇌를 통제해야 한다고 생각하지만 또다시 뇌가 불합리하고 원치 않는 각종 걱정을 만들어낼 때, '왜 나는 계속 이렇게 걱정을 많이 하는 걸까?'라고 하면서 '왜'라는 질문을 하기 쉽다.

사람들은 정말로 대답을 기대하고 '왜'라고 묻지 않는다. 그것은 항의나 손가락질 같은 질문이며, 권위자에게 부당함을 호소하는 분노의 표출인 것이다. 그것은 불만이지 질문이 아니다. 그런데 불행하게도 불만 접수처가 없다. 이 질문은 자신의 미래에 관해서 더욱 암울하고 비관적으로 느끼게끔 만든다. 왜냐하면 문제 해결을 위해서는 다른 사람이나 신이 무언가를 해야 하기 때문이다. 반면에 본인은 그저 걱정하면서 기다려야 하는 것이다.

당신이 걱정에 휩싸여 '왜'라는 질문에 사로잡히게 되면 당신은 미끼를 문 것이다. '왜'라는 물음은 실질적인 질문이라기보다는 걱정에 대한 저항이다. 그리고 걱정에 대한 저항은 걱정의 불꽃을 소멸시키기보다는 필연적으로 부채질하게 돼 있다. 저항은 자동차가 빙판길에 미끄러지기 시작할 때 브레이크를 세게 밟는 것과 마찬가지다. 저항은 직관적이며 또한 역효과를 낳는다. 정말로 필요한 것은 반(反)직관적이며 생산적인 대응이다.

사람들은 흔히 '왜'라는 질문이 핵심 이슈라고 생각한다. 왜 내가 이런 생각을 하지? 왜 나야? 왜 여기야? 왜 지금이야?

'왜'라는 질문은 걱정에 관한 한 아무 도움도 안 되는 질문이다. '왜'라는 질문은 그냥 불안하다는 또 다른 표현이다. '왜'라는 질문에서 벗어나 '무엇을 어떻게'라는 다른 질문으로 넘어가는 것이 더 도움이 될 것이다.

지금 나는 무엇을 경험하고 있는가? 글쎄, 나는 지금 거정스러운 생각을 경험하고 있다.

거기에 나는 어떻게 반응할 수 있을까? 이에 대해 9장에서 단계별로 다루겠다.

7장

생각에 대해
다시 생각하기

걱정은 생각이다. 걱정에 관해 생각하는 일은 아주 까다롭다. 생각을 바꾸는 것은 차치하고 이 장에서는 자신의 생각을 바꾸려 할 때 부딪치는 어려움과 도움이 되는 여러 방법을 살펴볼 것이다.

인지행동치료, 만성 불안증을 치유하는 가장 확실한 방법

만성 불안증으로 고통 받는 사람들에게 1980년대 중반에 소개된 인지행동치료(CBT: Cognitive Behavioral Therapy)는 주요한 돌파구였다. 이전까지는 만성 불안증을 앓고 있는 사람들에게 마땅한

치료법이 없었다. 처음으로 만성적 불안을 줄이기 위한 실제적이고 확실한 방법이 소개된 것이다.

CBT는 이전의 치료법과는 아주 달랐으며, 인지적 접근법과 행동적 접근법을 결합시켰다. 인지적 측면에서 CBT는 잘못되고 과장된 생각이 불안을 낳고 유지시키는 데 깊이 관련돼 있음을 지적하고, 피상담자가 문제를 인지하고 자신의 생각을 바꾸도록 돕는 방법을 제시했다. 그 주요 도구는 인지재구조화 작업으로, 다양한 '생각의 오류'를 확인한 뒤 생각을 검토하고 교정하는 방식이다.

예를 들어, 돈과 직장에 대해 많은 걱정을 하는 사람에게 가장 걱정스러운 생각을 써보라고 하면 아마 다음과 같은 답이 나올 것이다.

나는 해고될지도 몰라.
여기서 해고되면 난 망하는 거야.
다른 직업을 갖기에는 너무 나이가 많아.
처자식을 먹여 살리지 못할 거야.
아내는 날 떠날 거야. 나는 노숙자가 되겠지.

사람이 느끼는 감정은 그 사람이 생각하는 내용에 따라 달라진다. 실제로는 직장생활에 별 문제가 없어도 문제가 크다고 생각하면 그는 절망적인 감정을 느끼게 된다.

CBT 심리치료사는 그 사람에게 그의 생각이 얼마나 현실적인지

또는 비현실적인지를 평가하고, 그의 생각에 어떤 잘못이 있는지 찾아보라고 요구할 것이다. 만약 이 남자가 직장과 재정에 관해 자신이 잘못 생각하고 있다는 점을 발견한다면, 그는 생각을 바꾸려고 노력할 것이다. 자신의 상황이 이전에 생각했던 것보다 덜 나쁘다는 생각이 들면 그의 감정 상태도 자연히 더 좋아질 것이다.

그러나 만성 걱정에는 맞지 않는다

CBT는 궁극적으로 행동을 변화시켜 불안을 줄이는 것이 목표다. 가령 뱀을 무서워하는 사람은 뱀을 피하기보다는 차라리 뱀과 함께 시간을 보내면서 두려움을 없애는 식이다. 고공 공포증이 있거나 쇼핑몰, 운전, 비행 등을 두려워하는 사람들에게도 똑같이 적용할 수가 있다. 휴식과 명상요법도 전반적으로 불안 정도를 낮출 수 있는 방법이지만, 두려워하는 바로 그 대상에 노출시키는 방법이 아직까지는 가장 효과적인 행동치료법으로 간주된다.

전통적인 CBT 치료법은 만성적 불안과 걱정으로 고생하고 있는 수백만 명에게 엄청난 도움을 줬다. 그렇지만 이 방법을 만성 걱정에 적용할 때는 몇 가지 어려움에 봉착하게 된다.

첫째, 걱정은 대부분 '만약 내가 직장을 잃으면 어쩌지?'에서처럼 '만약 ~면 어쩌지?'로 시작한다. 이런 걱정은 평가하거나 신위를 가릴 수 있는 예고가 아니다. 6장에서 지적했듯이 무언가 나쁜 일이 일어나는 '척하고' 그에 대해 걱정하자는 요청인 것이다. 가상적인 일은 대부분 절대 일어나지 않는다고 보장할 수 없기 때문에 인지재구조화 방법을 적용하기가 어렵다.

　당신이 직장을 잃지 않는다는 증거를 아무리 많이 보여줘도 만성적 걱정은 언제나 '그렇지만 만약 직장을 잃으면 어쩔 건데?'라고 반응함으로써 논쟁에서 이긴다. 이러면 사람들은 두려워하는 상황이 발생하지 않을 것이라고 확신하기 위하여 노력하게 된다. 여기서 확신을 주지 못하면, 걱정은 유지되고 연장된다.

　둘째, '생각의 오류'를 교정하는 인지재구조화 방법은, 우리가 생각을 다스리고 심지어 완벽하게 만들 수 있다고 믿게 만든다. 거기에는 우리가 잘못된 걱정을 없애는 만큼 생각을 잘 교정할 수 있다는 암묵적 시사도 포함된다.

　이것은 내 관점으로 보면 너무 무리한 조치이며, 도움이 되기보다는 오도하기 쉬운 희망이다. 심리학을 전공한 전문직 종사자로서 나는 생각을 교정하려고 투쟁하는 사람들을 너무나 많이 봤다. 그들은 비현실적인 걱정과 생각을 멈추기 위해서 너무 열심히 노력했지만, 자신의 생각을 통제하는 데 실패하고 좌절감만 맛볼 뿐이었다.

생각 억제의 함정:
백곰에 대해 생각하지 마

사람들은 종종 자신의 뇌를 컴퓨터라고 오해한다. 자, 당신이 원하는 대로 작동하지 않는 프로그램을 사용하고 있다고 가정해보자. 당신은 측정치가 파운드로 표시되기를 원하는데 컴퓨터에서는 킬로그램으로 환산돼 나온다. 당신이 파운드로 아웃풋이 이루어지도록 프로그램을 변경하면, 처음부터 파운드로 계산한 것처럼 작동할 것이다. 컴퓨터는 킬로그램으로 계산했던 것을 기억하지 못할 것이고 전에 어떤 시스템을 사용했는지 의심도 하지 않을 것이다. 컴퓨터는 기억도 못하고 의식도 없어서, 프로그램이 지금 어떻게 작동하고 있는지, 수정하기 전에는 어땠는지에 대해 아무런 생각이 없다. 그냥 현재 입력된 프로그램대로 가동될 뿐이다.

그러나 뇌는 그렇지 않다. 당신의 뇌는 당신이 생각한 내용을 기억한다. 컴퓨터 계량법은 변경할 수 있지만, 당신의 뇌는 물리적인 손상을 입지 않으면 기억을 잃지 않는다. 옛날 기억들은 자주 생각나지 않고 심지어 폐기된 듯 보이기도 하지만 어떤 환경이 주어지면 언제라도 다시 활발해진다.

게다가 당신은 대뇌피질에서 생각이 일어날 때 자신의 생각을 자각한다. 사람은 자신이 하는 생각에 대해 생각할 수 있다. 현재 기술 단계에서 컴퓨터는 의식적인 인지력을 갖고 있지 않다. 컴퓨터는 지시 사항을 아무 생각 없이 수행할 뿐이다.

생각에 대해 생각한다는 것은 걱정거리를 두고 당신 자신과 논쟁을 하는 것이다. '생각의 오류'를 제거하는 일은 어렵다. 어떤 생각을 제거하려고 노력하면 결국 그 생각을 더 하게 된다. 이 현상은 "백곰에 대해서 생각하지 말라"[1]는 역설적인 실험에서 잘 드러난다.

역설적 치료법, 걱정을 없애려고 하지 말고 걱정에 집중하라

CBT와 같은 시기에 나타난 심리치료법이 '역설적 치료법(paradoxical therapy)'이다. 이 치료법은 CBT만큼 주류의 인정을 얻지는 못했지만, 내 견해로는 만성 불안증과 걱정병을 앓는 환자들에게는 더 강력하고 유용하다. 역설적 치료법은 생각을 교정하는 문제에 있어서 다른 접근법을 취한다. 이 방법은 생각은 그대로 놔두고 행동을 하라고 요청한다. 그런데 요청하는 행동이 역설적이라서 전적으로 받아들이거나 전적으로 거부하기 어렵다.

선형적인 역설적 요청이란 다음과 같다. "지금부터 자발적으로 움직여라." "내가 말하는 것을 주의 깊게 듣고 내가 말하는 대로 하지 말라." 이런 지시는 듣는 이를 혼란에 빠뜨린다.

역설적 치료법의 주요 도구는 '증상처방(prescribing the symptom)'이다. 이것은 만성 불안증을 극복하려는 사람들에게 놀라운 도움을 준다. 다음은 증상처방의 한 예이다. 나는 만성 걱정병을 앓고 있는 내담자와 상담할 때 그에게 의도적으로 걱정을 마음속에 담아두고 있으라고 요청한다.

내가 이렇게 요청하면 사람들은 대개 두 가지 반응을 보인다. 첫째, 사람들은 내가 미쳤다고 생각한다. 다행히 시간이 지나면 내가 미치지 않았음을 다들 인정해준다.

둘째로 자신의 걱정스런 생각을 마음속에 담아두기 매우 어려워하고, 심지어 내가 주의를 기울이라고 부탁을 했는데도 불구하고 걱정을 자꾸 잊어버린다.

도대체 어떻게 된 일일까? 걱정을 없애려고 그렇게 노력할 때는 걱정이 집요하게 달라붙어 있더니, 걱정에 집중하라고 하니까 그 생각이 자꾸 달아나려고 하니 말이다. 걱정에 집중하라는 나의 이상한 요청은 '걱정을 멈추려는' 그들의 노력을 방해하고 중단시킨다. 반면에 '걱정을 멈추려는' 노력은 만성적 걱정을 유지시키는 것이다. 내가 예상치 못한 요청을 하자 걱정이 덜 집요해진 것이다.

역설적 치료법은 만성 불안증과 걱정에 강력하게 작용한다. 왜냐하면 만성 불안증 자체가 너무나도 역설적인 경험이기 때문에. 크게 보면 CBT를 포함해 앞서 소개한 모든 치료법이 역설적인 측면을 갖고 있다. 걱정이 많은 사람들에게 어떤 방법이든 불안을 피하지 말고 여러 번에 걸쳐 경험하라고 부추긴다. 두려움을 주는 대상에 자꾸 노출되다 보면 자연스럽게 두려움이 줄어든다. 뱀 공포증이 있는 사람에게 뱀과 함께 앉아 있으라고 하고, 비행 공포가 있는 사람에게 항공 여행을 권하고, 광장 공포증이 있는 사람에게 쇼핑몰에 가라고 권하는 이유는 다 그 때문이다. 이런 치료법의 핵심은 불안에 대항하게 하는 것이 아니라 불안과 함께 지내도록 부추기는 것이다. 불안과 걱정에 관한 문제를 해결하는 데 있어서 한 가지 분명한 사실은 "노력할수록 상황은 더 나빠진다"는 것이다.

CBT는 지난 30년간 불안증 환자를 위한 최선의 치료법이었다. CBT의 장단점이 더 뚜렷해지자 불안증을 다루는 새로운 아이디어와 모델들이 나타났다. 그중에는 '수용전념치료(acceptance and commitment therapy)', '초인지치료(metacognitive therapy)', '변증법적 행동치료(dialectical behavior therapy)', '이야기 치료(narrative therapy)' 등이 있다.

이들 모델은 전통적인 CBT와는 생각에 관하여 다른 관점을 갖고 있다. 이들 방법 모두가 생각이 감정을 만들어내는 것으로 보고 있기는 하다. 하지만 이 방법들은 생각을 통제하는 우리의 능력에 대하여 매우 회의적이다.

신장이 오줌을 생산하고 간이 담즙을 생산하는 것처럼 뇌는 생각을 생산한다. 그것은 그냥 인체기관이 하는 일이다. 당신은 당신의 생각에 대해 독립적으로 평가할 수 있는 방법이 없다. 당신의 생각을 처음 생산한 기관, 바로 당신의 뇌를 통해서만 평가할 수 있기 때문이다. 그로 인해 사람들은 자신의 생각이 바깥세상을 정확하게 반영하고 있다고 여긴다.

또한 우리는 자신의 생각에 애착과 긍지를 갖고, 다른 사람보다 자신의 생각에 더 많은 가치를 부여한다. 그래서 우리는 시카고 코미디언 에모 필립스가 간파했던 다음의 문제를 갖게 된다. "나는 뇌가 내 몸에서 가장 멋진 기관이라고 생각하곤 했다. 그때 나는 누가 나한테 이 이야기를 해줬는지 깨달았다."[2]

두 번째 문제는, 생각을 직접적으로 바꾸는 것이 언제나 쉽지는 않다는 것이다. 자신의 생각을 바꾸려는 사람들의 노력은 '생각 멈추기(thought stopping)'처럼 작동하며, 내가 앞서 지적했듯이 생각 멈추기는 거의 도움이 되지 않는다. 생각 멈추기의 주된 결과는 '생각 재개(thought resumption)'이다.

인지재구조화 방법이 걱정을 완화하는 데 도움이 되는 사람은 그 방법을 계속 활용하면 된다. 하지만 이 방법을 활용할 때 자신의 생각과 논쟁을 벌이며 교착상태에 빠진다면, 그리고 걱정스런 생각이 계속 일어난다면, 인지재구조화 작업이 생각 멈추기처럼 작동한다는 의미일 것이다. 그렇다면 인지재구조화 작업을 더 활용하기보다 8~10장에서 소개할 수용이론에 근거한 치료법을 사용하는 것이 더 나을 것이다.

특정 단어에서
두려움을 느끼는 경우

수용전념치료(Acceptance and Commitment Therapy, ACT)는 생각과 언어를 불행의 주요 원천으로 지목한다. 이 관점에서 보면, 생각과 언어는 당신의 골칫거리를 꾸려 담은 여행가방과 같다. 당신은 그 여행가방을 들고 뉴욕을 떠나 로마까지 여행을 떠나왔다. 멀리까지 왔어도 당신은 뉴욕에서와 똑같은 생각과 감정을 갖고 있다.

ACT는 '인지적 융합(cognitive fusion)'을 주요 문제로 지목한다.[3] 인지적 융합이란 무엇인가? 집고양이에 물린 경험이 있는 어린아이를 생각해보자. 아이는 한동안 그 고양이뿐만 아니라 이웃의 다른 고양이나 개도 두려워할 것이다. 심지어 텔레비전 광고에 고양이 먹이만 나와도 방에서 뛰쳐나가고, 누군가 고양이라는 말만 해도 겁에 질려 울음을 터뜨릴지도 모른다. 아이는 고양이가 근처에 없어도 그 단어만 듣고도 겁에 질린다. 아이는 '고양이'라는 단어만 듣고 고양이가 갖고 있는 할퀴고 무는 속성을 연상하는 것이다. ACT 용어로 아이는 '고양이'라는 단어와 고양이의 속성을 '융합시킨' 것이다. 그 결과 아이는 고양이가 없는데도, 그저 그 단어만 듣는데도, 심지어 그 단어를 생각만 하는데도 두려움을 느끼는 것이다. 아이는 이제 고양이라는 단어와 고양이가 발톱을 세우고 달려드는 순간을 구별하지 못한다.

아이 부모는 이 사실을 알고 아이 앞에서는 '고양이'라는 단어를 입에 올리지 않을 것이다. 정 필요하면 다른 암호를 만들어 사용할 수도 있다. 어쩌면 고양이 대신 바나나로 부르기로 할지도 모른다. 부모는 아이가 겁에 질리지 않도록 보호하려고 노력하는 것이다. 그러나 부모는 아이가 그 단어를 듣는 데 익숙해질 기회를 박탈함으로써 '고양이'라는 단어와 물고 할퀴는 속성 사이에 형성된 연상 작용을 오히려 강화시킨다.

'뜨거운 논란'의 단어 해체시키기

이와 똑같은 일을 전국의 불안·공황장애 지원단체가 하고 있다. 이들 단체는 회원들의 심기를 거스를까 우려하여 특정 단어 사용을 금지하고 있다. 이를테면 어떤 공황장애 지원단체는 회원 중에 '숨쉬기'라는 단어에 예민한 사람이 있어서 회원들에게 그 단어를 가급적 사용하지 말아 달라고 요청했다. 결국 그 단체 사람들은 '숨쉬기'라는 단어와 과호흡으로 인한 여러 증상을 합쳐버렸다. 앞에서 예로 든 아이와 그 부모의 사례에서 본 것처럼, 두려움을 갖고 있는 사람을 보호하고자 친절한 의도에서 한 행동이 오히려 그 사람이 두려움에서 벗어나는 길을 막아버린 결과를 낳고 말았다.

당신은 어떤가? 듣고 싶지도 않고 눈으로 보고 싶지도 않은 단어가 있는가? 소리 내어 말하면 불안해질까 봐 피해가는 그런 단어가 있는가?

잠시 동안 생각해보면 당신에게도 그런 단어가 있을 것이다. 공황 발작을 경험한 사람은 '기절', '뇌출혈', '정신이상의 비명' 같은 단어를 기피한다. 사회불안증이 있는 사람들은 '땀 흘리다', '떨다', '얼굴 붉히다'와 같은 단어를 좋아하지 않는다.

실험을 해보자. 당신이 기피하는 단어 하나를 골라서 큰 소리로 25번 말하라. 만약 앞에 나온 아이가 '고양이'라는 말을 25번 반복하고 나면 아이는 예전처럼 그 단어를 무서워하지 않을 것이다.

ACT는 이러한 인지적 융합을 '해체'함으로써 불안을 극복하도록 돕는다. 이 요법의 목표는 어떤 단어와 그 단어에 대해 갖고 있는 생각 사이의 연결고리를 끊는 것이다. 예를 들어 앞서 나온 아이의 부모는 고양이라는 단어가 들어간 재미난 노래를 아이에게 가르치거나, 고양이라는 글자를 이용해 미술작업을 하게 해서 고양이라는 단어가 내포한 '할큄'과 '깨물음'이라는 속성을 해체시킬 수 있다. 공황장애 지원단체도 회원들에게 '숨쉬기'라는 단어로 장난스런 놀이를 하게 해서 그 단어가 연상시키는 속성을 해체시킬 수 있다.

해체는 만성적 걱정에서 비롯된 불행감을 줄일 수 있는 강력한 방법이다. 심각한 질병에 대해 생각하면 몹시 우울해진다. 질병에 대해 만성적 걱정을 안고 사는 사람들은, 건강하더라도 질병 생각을 함으로써 병에서 연상되는 불행을 느낀다. 그래서 그들은 텔레비전에서 아픈 사람이 나오면 채널을 돌려버린다. 그들은 질병을 상기시키는 어떤 것도 기피한다. 질병에 대한 생각과 실제로 아픈 데서 오는 불행이 융합된 것이다. 이 융합이 해체되면 원치 않는 생각을 하면서 느끼는 불행감에서 많이 벗어날 수 있다.

ACT는 또한 바깥세상에서 활동하는 데 더 많은 시간을 보내고 내면세계에서 경험하는 기분과 생각을 바꾸는 데 들이는 시간을 줄이도록 돕는다. 그런 측면에서 ACT는 표면적으로는 평온을 비는 기도와 닮았다.

> 신이시여, 내가 바꿀 수 없는 것들은 평온하게 받아들이도록 해주소서.
> 내가 바꿀 수 있는 것들을 바꿀 수 있는 용기를 주시고,
> 그 차이를 분별하는 지혜를 주소서.

나는 수용전념치료 훈련을 받을 때 사람들의 생각이 얼마나 정확한가를 따지는 것보다 생각이 행동에 미치는 영향을 살펴보는 것이 더 유용하다는 원칙을 깨달았다. (이것은 ACT와 CBT에 대한 내 견해다. 나는 그 설명이 대체로 정확하다고 생각하는데, ACT와 CBT 전문가들이 아니라 내가 그 방법을 어떻게 사용하는지를 나타낸다.)

이것은 생각에 대한 전통적인 CBT 접근법 또는 인지재구조 접근법과 ACT 접근법 간의 극명한 대조를 보여준다. 겁쟁이라는 생각으로 고투하고 있는 사람의 경우를 보자. CBT 테라피스트는 아마도 그에게 겁쟁이를 정의해보라고 요청하고, 내담자의 행동을 그 정의와 일일이 비교할 것이다. 이런 식으로 해서 테라피스트는 내담자가 자신의 행동에 관해 더 정확하고 균형 잡힌 시각을 갖도록 돕는다. 궁극적으로 내담자가 잘못된 생각을 수정하고 정확한

생각을 갖도록 돕는 것이다.

반면에 ACT 테라피스트는 겁쟁이라는 생각의 정확성 여부를 가리지 않는다. 대신에 다음과 같은 질문을 할 것이다. "당신이 겁쟁이라는 이 생각이 중요한 일을 하는 데 방해가 되는가?"

다른 말로 하면, ACT 테라피스트는 당신의 생각이 얼마나 정확한가 아닌가를 따지기보다는, 그것이 행동에 얼마나 영향을 미치느냐를 본다. 그렇게 하는 목적은 내면세계에 불쑥 불쑥 떠오르는 생각에 발목 잡히지 않고 바깥세상에서 희망과 꿈을 펼치도록 돕기 위한 것이다.

불안의 뿌리는
'연금'이 아니라 '걱정'이었다

내가 처음 ACT를 배울 때 퇴직연금에 관해 걱정하고 있는 내담자와 작업하고 있었다. 그 사람은 은퇴 시기에 가깝지도 않았고 경제적인 문제를 갖고 있는 것도 아니었다. 실상 그는 비교저 사정이 좋은 편이었다. 그러나 그는 강박적으로 이 생각에 사로잡혀 있었다. "만약 내가 은퇴할 때쯤 퇴직연금이 충분치 않으면 어쩌지?" 그는 오랫동안 이 걱정을 멈추려고 지속적으로 노력해왔다. 그는 3장에서 살펴본 걱정 없애는 방법을 모두 시도해봤지만 별 소용이 없었다.

그와 나는 인지재구조화 작업을 정말로 열심히 실행했다. 나는 그에게 퇴직연금이 예상보다 적으면 은퇴 후 얼마나 끔찍할지 점검해보게 했다. 그는 생활비를 줄일 수 있는 여러 대안을 점검해보고, 삶의 방식이 달라질 때 그의 기분과 생각이 어떤 영향을 받을지를 살펴보았다. 그는 노후 자금을 늘리기 위하여 소비를 줄일 수 있는지를 생각했고, 그런 변화에 대해 자신이 어떻게 느낄지를 살펴보았다. 은퇴 후에 파트타임으로 일하는 것에 대해서도 점검했다. 그리고 배우자가 돈을 벌 가능성에 대해서도 검토했다. 그러나 이 모든 노력에서 그는 위로를 얻지도 걱정을 덜지도 못했다.

나는 그에게 재무 전문가와 상담을 해보라고 제안했다. 그는 이미 여러 번 재무 전문가와 상담을 했다고 대답했다. 재무 설계사와 상담할 때 피상담자는 전망이 정확하지 않을 수도 있다는 것을 인정하고 그로 인해 고소하지 않는다는 서명을 해야 한다. 그는 마지못해 서류에 서명하면서 마음이 불편했다고 한다. "재무 설계 해준다고 하면서 계획이 정확하게 들어맞지 않을 수도 있다고 하면, 나더러 어쩌라는 거죠? 내가 거기 간 이유는 무엇보다도 정확한 전망을 듣고 싶어서라고요."

내담자와 나는 시간이 지나도 아무런 성과를 보지 못했다. 그러던 어느 날 ACT 테라피스트라면 퇴직연금에 대한 그의 걱정이 얼마나 현실성 있는가 아니면 과장돼 있는가 여부는 따지지 않을 것이라는 생각이 떠올랐다. ACT 요법에서는 이렇게 질문하는 게 맞다. "퇴직연금에 대해 걱정하느라 중요한 일을 제대로 못하고 있는가? 그 걱정이 방해가 되는가?" 나는 그에게 이 질문을 던졌다.

그는 만성 걱정이 중요한 일을 하는 데 방해가 된다고 대답했다. 나는 그 말을 듣고 즉각적으로 내가 문제를 잘못 이해했다는 것을 깨달았다.

그가 퇴직연금에 대해 걱정하느라 일을 못하거나 은퇴를 못하거나 돈을 모으지 못하는 것은 아니었다. 퇴직연금에 들면 정기적으로 연금 보고서를 우편으로 받게 된다. 개인이나 회사가 불입한 연금 액수와 수익률에 관한 내용이 적힌 보고서다. 연금 가입자들은 보고서를 검토하고, 필요하면 투자 전략을 바꾸기도 한다.

그러나 이 내담자는 걱정스런 생각 때문에 연금 보고서가 우편으로 오면 뜯지도 못하고 캐비닛 속에 넣어두었다.

나는 내가 문제를 잘못 진단했음을 깨달았다. 나는 내담자가 자신의 연금 계획에 대해 안심할 필요가 있다고 생각하고 작업을 진전시켜 왔다. 그러나 그에게 필요한 것은 노후 설계를 철저하게 점검하고 대비하는 것이 아니라는 것을 알았다. 그가 참을 수 없었던 것은 걱정과 불확실성이었다. 그는 재정 문제가 아니라 걱정 문제를 안고 있었던 것이다.

8장

걱정과 좋은 관계를 맺는
단계별 전략

이 장에서는 걱정과 맺는 좋은 관계란 무엇인가에 대해 큰 그림을 그릴 것이고, 그 길을 가기 시작하는 데 필요한 단계를 제시할 것이다. 다이어트나 운동 같은 중요한 생활 방식의 변화를 추구할 때와 같은 방법으로 접근하면 된다. 즉각적인 성공을 거두려 하지 말고 생활 속에서 차근차근 단계를 밟으며 집중하라. 사람들이 변화를 추구할 때 빠른 결과를 원하는 것은 이해할 만하다. 그러나 빠른 결과에 집중하다 보면, 새로운 습관을 지속하기 어렵다. 여기서 열쇠는 당신의 삶에 새로운 습관을 심어 넣는 것이다. 시간이 흐르면서 혜택이 서서히 드러난다.

이 구절을 마음속에 담아두면 도움이 될 것이다. "기분은 행동을 따른다(Feelings follow behavior)." 다이어트건 운동 계획이건 걱정 줄이기 프로그램이건 간에 우리는 가능한 빨리 기분이 좋아지길 원한다. 그러나 좋은 기분이란 습관이나 일상에서 변화를 시도하고 난 후에 따라오는 것이다.

피할 수 없다면
관계를 바꿔라

가족 행사에 참석한다고 가정해보자. 오늘은 당신이 좋아하는 이모의 칠순 잔칫날이다. 당신은 오랫동안 이 날을 기다렸고, 유쾌하게 즐기고 싶다. 그런데 길이 막혀 조금 늦게 도착해보니 '논쟁삼촌(Uncle Argument)' 옆자리만 남아 있다.

논쟁삼촌은 실제로 괜찮은 사람이다. 정말로, 정말로 논쟁하기를 좋아한다는 점만 빼면. 논쟁은 그 삼촌의 대화 스타일이다. 만약 당신이 진보 정당을 옹호한다면 그는 보수 정당 편을 든다. 만약 당신이 미식축구가 최고 스포츠라고 생각한다면 그는 축구를 최고로 꼽는다. 만약 당신이 아침을 잘 먹어야 한다고 생각한다면 그는 저녁 식사가 가장 중요하다고 생각하는 식이나. 그는 그냥 논쟁을 사랑한다. 그는 정말로 심술궂은 사람은 아니다. 다만 논쟁하기를 즐길 뿐이다.

당신은 그 삼촌 옆에 앉아 오래 저녁 식사를 해야 한다. 당신은 논쟁하고 싶지 않다. 산뜻한 대화를 하며 식사 시간을 즐기고 싶을 뿐이다. 논쟁하면 배가 아플 게 틀림없다. 당신은 어떻게 할 것인가?

논쟁을 피하기는 어렵다

빈자리가 없기 때문에 다른 테이블로 옮겨 갈 수도 없다. 아무도 논쟁삼촌 옆에 앉길 원하지 않기 때문에 누구하고 자리를 바꿀 수도 없다. 식사를 포기하지 않는 한 당신은 논쟁삼촌 옆에 앉을 수밖에 없다. 그런데 당신은 식사를 포기할 수도 없다. 그건 너무 억울한 일이기 때문에. 음식 없이 어떻게 시간을 보낸단 말인가. 그러면 어떻게 논쟁삼촌 옆에 앉아서 저녁식사 시간을 논쟁 없이 보낼 수 있을까? 당신의 선택은 무엇인가?

그를 무시하는 방법이 있다. 그러면 그는 더 시끄럽고 집요하게 논쟁하려 든다. 그는 사람들이 자신을 무시하려고 하면 논쟁에서 이기고 있다고 생각해 오히려 좋아한다. 그래서 그 방법은 도움이 안 된다.

그에게 논쟁하고 싶지 않다고 얘기할 수도 있다. 하지만 그 또한 그를 더 집요하게 만들 뿐이다. 그는 당신이 자신의 의견을 말하기를 두려워한다고 떠들어대기 시작할 것이다. 당신은 그에게 입 닥치라고 소리칠 수 있다. 그것은 분노의 논쟁이고, 그렇게 되면 그는 더욱 기뻐 날뛴다. 그의 말을 주의 깊게 듣고 틀린 점을 지적할 수도 있다. 그렇지만 그 또한 논쟁이며, 그는 어쨌든 자기가 틀렸다는 것을 결코 인정하지 않을 것이다. 다른 사람들을 끌어들여 도움을 청할 수도 있다. 그렇지만 아무도 논쟁삼촌과 논쟁에 휘말리고 싶어 하지 않기 때문에 다들 다른 데만 쳐다볼 것이다. 당신은 혼자다.

걱정에 맞장구치기 전략의 놀라운 효과

이건 어떤가? 그의 말에 맞장구치는 것! 그가 하는 말이 무엇이든, 옳든 그르든 무조건 동의하는 것이다. "예, 맞습니다요. 지당한 말씀이세요. 아주 현명하세요."

그가 하는 말에 무조건 동의하면 논쟁을 사랑하는 이 남자는 논쟁을 할 다른 사람을 찾을까? 당신이 그의 말에 맞장구치면서 포기하는 것이 있는가? 이러한 태도는 논쟁하자는 집요한 요청에 대응하는 합리적인 방안이 될 수 있는가?

당신은 그에 맞서서 논쟁을 할 수도 있고 맞장구를 칠 수도 있다. 당신이 걱정에 대치하는 방식은 논쟁삼촌에 대처하는 것과 같다. 만약 논쟁삼촌이 하는 말에 대답을 하게 되면, 논쟁삼촌이 내민 미끼에 걸려든 것이다. 당신은 그저 음식만 먹고자 했으나 부지불식간에 논쟁에 휘말리게 된 것이다. 당신은 결국 자신이 원치 않는 상황, 즉 논쟁에 휘말리면서 안정이 무너지는 아픔을 겪고 만다.

반면에 자신의 걱정스런 생각을 웃어넘기는 습관을 갖는다면, 논쟁의 초대에 휘말리거나 좌절하지 않고 지나칠 수 있다. 당신은 그 생각에 대항해 싸우지 않고 그 생각과 함께 장난치며 놀 수 있다.

이 말이 반직관적으로 들리는가? 좋다. 문제가 반직관적이기 때문이다. 어떤 생각을 억압할수록 그 생각이 더 난다면, 전혀 다른 방법을 시도해야 한다. 그 생각에 유머로 접근하는 것, 그것이 바로 반대의 규칙이 제안하는 방법이다.

걱정을 보는 새로운 방법

논쟁삼촌 비유는 당신이 지금까지 만성적 걱정을 바라보던 생각과 아주 다를 것이다. 당신은 만성적 걱정에 대해 어떻게 생각해왔는가? 어떤 비유가 마음속에 떠오르는가?

만성적 걱정과 싸우는 사람들은 투쟁이나 저항, 싸움과 관련된 비유를 떠올리는 경향이 있다. 아마도 불안의 악마를 떠올리고 어떻게 죽일 수 있을까를 생각할 것이다. 만성적 걱정을 악마화하고 그에 대항해 싸우려는 생각은 충분히 자연스럽다. 그것은 아주 직관적인 반응이다.

그러나 걱정에 관한 문제는 반직관적이다. 그래서 자연스러운 직관에 의존하게 되면, 문제를 해결하지 못하고 좌절감에 사로잡히고 만다. 접근 방식을 완전히 틀어야 한다.

걱정은 질병도 아니고 내 마음에 침입해 영혼을 갉아먹는 괴물도 아니다. 그것은 그냥 내 뇌가 필요 이상으로 나를 보살피는 과정에서 생기는 자연스런 결과다. 반직관적인 반응이 내가 원하는 곳으로 나를 데려갈 것이다. 생소한 방식이므로 조금 익숙해져야 할 필요가 있다.

공연장에서 야유하는
관객에 대처하듯이

만성적 걱정은 공연장에서 야유를 하는 관객과 같다. 야유에 대응하는 데는 특별한 방책이 필요하다. 공연자가 객석으로 내려가 야유하는 관객과 주먹다짐을 벌이는 것은 도움이 되지 않는다. 그러면 공연을 계속할 수가 없을 것이다. 관객이 보내는 야유에 대응해서 당신을 변호하는 것도 도움이 되지 않는다. 그런 식으로 논쟁을 해봐야 공연에 도움이 되지 않는다.

야유를 무시하고 공연을 계속하려 해도 잘되지 않을 것이다. 당신이 아무리 모르는 척하려고 해도 알 수밖에 없고, 모르는 척하려고 노력하면 신경이 분산되기 때문이다. 야유하는 관객에게 멈추라고 요청할 수도 있다. 그러나 그런 사람들은 합리적으로 행동하라고 요구해도 잘 듣지 않는다. 당신이 아무리 부탁해봐야 쇠귀에 경 읽기가 되고 말 것이다. 그러느라 당신의 집중력은 흐트러질 것이다.

야유에 반응하는 가장 좋은 방법은 무엇인가? 야유를 일상 속으로 끌어들이는 것이다. 이렇게 하면 당신은 공연(또는 일상)과 야유 중에서 하나를 선택할 필요가 없다. 야유에 이런 식으로 접근하면 아마도 야유는 잦아들 것이다. 공연과 섞여들기 시작하면 사라진다.

수많은 생각이 들면날면하도록 내버려둔다

걱정에 맞장구치는 것은 어떤가? 맞장구치는 데는 여러 방법이 있는데, 그중 한 가지를 살펴보자.

생각을 받아들이고, 인정하고, 과장하는 방법이다. 즉흥극 훈련으로 "Yes, and…"라는 프로그램이 있다. 상대가 한 말이 무엇이든 그대로 그것을 인정하고 내용을 보태는 것이다. 당신은 상대가 방금 말한 것을 반대하지도 반박하지도 않고 부정하지도 않는다. 일단 인정하고 더 보태면 된다. 이것이 즉흥 코미디의 가장 기본적인 규칙이다.

이 규칙은 무대 위에서 잘 작동한다. 당신의 마음과 내면세계에서도 잘 작동할 것이다. 그 훈련 방법이 무대에서 잘 작동하는 이유와, 걱정을 다루는 데 잘 맞아떨어지는 이유는 다르다. 그러나 이 규칙은 걱정 문제에 도움이 된다. '반대의 규칙'이기 때문에 도움이 되는 것이다.

생각에 맞장구치는 좋은 예가 있다.

비행기에서 내가 환각 증상을 보여 승무원들이 나를 제지하면 어쩌지?

그래, 비행기가 착륙하고 나를 요양소에 데려가기 전에 온 세상에 공개하겠지. 나는 저녁 뉴스에 나올 테고 모든 사람들이 볼 거야.

결혼식 피로연에서 너무 불안해 손을 떨면 어쩌지?

그래, 손을 너무 떨어서 하객들에게 뜨거운 스프를 엎질러 2도 화상을 입힐 테고, 신혼여행도 망칠 거야.

내가 죽을병에 걸리면 어쩌지?

그래, 지금 병원에 전화를 걸어 예약을 잡아놓는 게 좋을 거야. 장례식장에도 미리 전화를 걸어야 할까 봐.

이러한 걱정에 반응하는 올바른 방법은 걱정스런 생각을 없애는 것이 아니다. 만성적 걱정으로 나를 찾아오는 내담자들은 때로 걱정에 맞장구치기 요법을 시도해보기도 한다. 그런데 얼마 지나지 않아 내게 다시 와서 "그 방법이 효과가 없었어요. 아직도 걱정이 없어지지 않았어요"라고 하소연한다. 걱정을 없애는 것은 맞장구치기의 목표가 아니다.

걱정은 반직관적이다. 당신이 걱정을 없애려고 하면 걱정은 무슨 수를 써서든지 더 집요하게 들러붙는다. 걱정에 맞장구치기의 핵심은 걱정을 잘 받아들이면서도 걱정이 덜 문제 되게 만드는 것이다. 그것은 생각을 있는 그대로 듣고 받아들이는 것이다. 생각을 갖는 것은 괜찮다. 똑똑한 생각, 바보 같은 생각, 유쾌한 생각, 분노의 생각, 겁나는 생각 등등 어떤 생각을 갖고 있든 아무 상관없다. 우리는 생각에 관한 한 선택권이 많지 않다. 우리는 의도하지 않게 많은 생각을 갖고 있다. 그중 많은 것이 오도되고 과장된 것들이다. 그것도 괜찮다. 그런 생각에 이끌려갈 필요가 없고, 논쟁하거나 부인할 필요도 없고, 진정시킬 필요도 없다. 다만 이런저런 생각을 듣기만 하면 되는 것이다.

만성적 걱정으로 고생하는 내담자들은 특정한 주기를 겪는다. 그들은 과다한 걱정을 하는 시기를 '나쁜 시간'이라고 부르며 빨리 그 시간을 끝내기 위해 투쟁한다. 그리고 덜 걱정하는 기간은 '좋은 시간'이라고 부르며 걱정이 가까이 오지 못하게 노력한다. 하지만 언제나 자신이 의도한 것과 아주 다른 결과를 맛보아야만 한다.

당연하지 않은가. 당신이 '나쁜 시간'을 없애려고 할 때 그 시간은 더 오래 지속되고 강화된다. 당신이 '좋은 시간'을 오래 지속시키고자 할 때 그 시간은 당신의 손에서 빠져나간다.

그러니 좌절감을 느낄 수밖에 없다. 노력할수록 상황은 악화될 뿐이라는 점을 상기해보자. 당신은 그 원칙을 여기에 어떻게 적용시키겠는가?

자신의 걱정스런 생각을 알아채고 그 생각을 마음속에 그대로 두어보자. 그 생각을 마음속에 둔다는 것은 '그 생각을 마음 밖으로 몰아내려' 하지 않는다는 의미다. 의도적으로 그 생각을 갖고 있으면서 그 생각과 장난치고 잊지 않으려고 노력하자. 그 생각을 잠시도 잊지 않도록 매 3분마다 점검하자.

생각을 없애려고 노력할수록 상황이 악화되는 것이 사실이라면, 이제는 지금까지와 반대로 해보는 거다. 분명히 더 나은 결과를 얻을 것이다.

맞장구치기만큼이나 좋은 방법이 또 있다. 좋은 생각이든 나쁜 생각이든 상관없이 당신의 생각에 고착되지 않는 것이다. 자동으로 떠오르는 생각은 인생 내내 따라다니는 영화음악과 같다. 생각은 적절할 때도 있고 적절하지 않을 때도 있다. 어떤 생각은 유쾌하지만 또 어떤 생각은 불쾌하다. 정확한 생각도 있지만 정확하지 않은 생각도 있다. 생각이라는 음악을 끄는 스위치도 없고 볼륨 조절도 안 된다. 금붕어가 물속에서 살 듯이 우리는 우리의 생각 속에서 산다.

당신도 나도 생각을 선택할 수 없다. 그렇지만 생각에 어떻게 반응할지를 선택할 수는 있다. 떠오르는 생각을 통제하지는 못하지만 어떤 인생을 살지는 분명하게 선택할 수 있다. 내가 원하는 삶을 사는 데 내 생각이 내가 원하는 대로 정렬돼 있을 필요는 없다.

'좋은' 생각은 유지하고 '나쁜' 생각은 없애려고 하는 작업을 사람들은 어디에서 할까? 머릿속에서 한다. 우리는 머릿속에서 이러저러한 생각과 씨름하느라 생생한 삶의 현장에서 일어나는 여러 가지 일은 놓치고 만다. 생각에 사로잡혀서 삶을 풍성하게 제대로 살아내지 못하는 것이다. 지금 여기 당신이 존재하는 삶의 현장과 주변 사람들에 집중하라. 수도 없이 떠오르는 생각일랑 제 마음대로 머릿속을 들면날면하도록 내버려두라.

자, 지금부터 간단한 실험을 해보자. 오래 걸리지 않는다. 3단계로 한 5분 걸린다.

걱정이 작동하는 방식

단계 1. 최대 25단어로 이루어진 문장을 만드는데, 최근 당신을 괴롭히고 있는 걱정을 최대한 강력하게 표현하라. 물론 문장에 '만약 ~면 어쩌지?'가 들어가야 한다. 당신이 두려워하는 끔찍한 일뿐 아니라 훗날 어떻게 될지, 즉 당신이 늙어서 그 일에 대해 느끼는 불안까지도 담겨 있는 생각을 만들어보라. 이 단계에서 가장 긴 시간이 필요할 것이다. 시간을 갖고 당신의 걱정을 잘 표현해보라. 그로 인해 당신이 갖게 될 가장 불쾌한 생각을 표현해보라.

다음은 몇 가지 예이다. 공포 서적이나 공포 영화에서 두려움을 느끼듯, 단순히 걱정 예문을 읽는 것만으로도 많은 독자가 불편함을 느낄 것이다. 그러나 상관없다. 곧 지나갈 것이다. 그렇지만 그 불편함을 지금 경험하고 싶지 않다면, 책갈피를 꽂았다가 나중에 불편함을 기꺼이 감수하고 싶은 기분이 들 때 다시 시도해도 된다.

걱정 예문:

정신을 잃을까 봐 걱정하는 사람:

취약: 만약 내가 미쳐버리면 어쩌지?

보통: 만약 내가 미쳐서 요양소에 갇히면 어쩌지?

우수: 만약 내가 미쳐서 요양소에 갇혀, 버림받고 잊혀진 채 이빨도 빠지고 머리도 빠진 채 혼자서 비참하고 무의미한 인생을 살면 어쩌지?

파티에서 바보처럼 보일까 봐 걱정하는 사람:

취약: 만약 파티에서 정말로 불안해지면 어쩌지?

보통: 만약 파티에서 너무나 불안해 떨면서 땀을 흘리기 시작하면 어쩌지?

우수: 만약 파티에서 너무나 불안해 떨면서 땀을 흘리고 바지에 오줌을 싸서 사람들이 평생 동안 나를 피하면 어쩌지?

계속 당신의 걱정을 써보라. 이 실험을 의미있게 만들기 위해서는 당신을 아주 많이 괴롭히는 주제를 사용할 것을 권한다. '만약 ~면 어쩌지' 걱정을 말하고, 그 걱정이 야기하는 끔찍한 결과에 대한 두세 개의 '그리고 그 다음(and then)' 문장을 덧붙여라. 그냥 첫 번째 쓴 문장으로 끝내지 말라. 시간을 두고 편집해서 당신이 생각해낼 수 있는 모든 두려움과 혐오를 극대화시켜서 표현하라.

단계 2. 종이 위에 숫자를 1부터 25까지 쓴다.

단계 3. 거울 앞에 앉거나 선다. 당신이 쓴 걱정 예문을 큰 소리로 천천히 스물다섯 번 읽는다. 매번 예문을 읽을 때마다 종이 위에 쓴 숫자를 지워서 횟수가 헷갈리지 않게 한다.

이쑤시개나 동전같이 작은 물건 25개를 식탁 위에 늘어놓고 한 번 읽을 때마다 하나씩 옮기는 것도 좋다. 다만 그냥 머릿속으로만 세지는 말아라. 왜냐하면 횟수를 세는 일은 집중력이 상당히 필요하기 때문이다. 나는 당신이 걱정스런 생각을 스물다섯 번 반복하는 데 집중하기를 원한다.

혼자 있을 수 있는 시간과 장소를 찾아내 주의를 기울여 해보라. 어찌 됐든 자신이 바보 같아 보일 것이다. 그렇더라도 이 훈련을 반드시 시도해보라. 절대 빼고 그냥 지나치지 말기 바란다.

이 연습은 유쾌한 경험은 아닐 것이다. 그렇지만 나는 이 훈련이 그만한 가치가 있다고 생각한다. 이 실험은 걱정이 어떻게 작동하는지 이해하고 그에 올바로 반응하는 방법을 배우는 데 큰 도움이 된다.

이 방법은 이상하고 반직관적으로 보인다. 그렇지만 과거 당신이 했던 논리적이고 직관적인 노력에서 얻은 결과가 어땠는지 기억해보라.

다 끝났는가? 만약 당신이 내 사무실에서 이 실험을 하고 있다면 나는 이렇게 질문할 것이다. 마지막으로 반복했을 때와 처음으로 소리 내 읽었을 때 느낌을 비교해보라. 언제 더 괴로웠는가?

걱정을 드러내면
힘이 약해진다

만성적 걱정을 갖고 있는 사람들은 대부분 이 실험에서 걱정스런 생각을 반복하면서 그 생각이 힘을 잃었다고 대답한다. 아마 당신도 마지막으로 반복할 때 처음보다 훨씬 덜 괴로웠을 것이다. (만약 이러한 결과를 얻지 못했다면 당신이 쓴 걱정 문장을 검토하라. 그 문장이 당신의 만성적 걱정을 대표하는지 알아보고, 그렇지 않으면 다른 것으로 교체하라. 당신이 적은 문장이 당신의 걱정을 대표한다면, 당신은 어쩌면 다른 문제를 안고 있는지도 모른다. 예를 들면 미래에 있을지도 모르는 사건에 대한 걱정이 아니라 과거에 있었던 일에 대한 우울한 기억일 수도 있고 강한 강박장애 경향이 있을 수도 있다. 만약 이런 경우라면, 이 책의 전반부로 다시 돌아가 당신이 쓴 문장을 검토해봐야 한다. 또는 이런 작업에 숙련된 전문 테라피스트와 함께 상황을 검토해보길 권한다.)

당신이 걱정을 없애기 위해 한 모든 노력에 대해서 생각해보라. 3장 목록에 나온 반(反) 걱정 테크닉에서 얻은 결과를 생각해보라. 그렇지만 여기서 걱정을 그저 몇 분간 큰 소리로 반복해 밀했을 뿐인데 괴로움이 현저히 줄어든 것을 느낄 것이다. 물론 그 효과가 영원히 지속되지는 않는다. 그러나 걱정에 대한 생각을 반복해서 말로 드러내면 정서적 반응이 일시적으로 변한다.

'만약 ~면 어쩌지?'가 만성적 걱정에 대응하는 옳은 방법이라면? 이 접근법이 그동안 그렇게 많이 들어온 생각 멈추기보다 더 유리하다면?

그렇다면 만성적 걱정과 맺는 관계가 크게 달라져야 한다. 반직관적인 문제에는 반직관적으로 반응하는 것이 맞다. 생각을 없애기보다는 반대의 규칙을 일관성 있게 적용해 만성적 걱정을 인정하고 그 생각과 노는 것이다. 당신은 이제 걱정스러운 생각을 '위험'이 아니라 '의심'으로 받아들이고 해체시킬 것이다. 당신은 걱정과 원치 않는 논쟁에 말려들어가지 않고 그저 맞장구를 칠 것이다. 당신은 걱정을 종양 취급하는 것이 아니라 작은 종기로 취급할 것이다.

간단히 말해서, 당신은 효과도 없는 '생각 멈추기'를 매우 생산적인 '생각 드러내기'로 대체할 수 있다. 정말로 뱀 공포증을 극복하고 싶은 사람은 뱀과 함께 시간을 보내야 한다. 만성적 걱정으로 힘들게 살고 있는 사람에게는 걱정이 뱀이다.

나는 뱀을 두려워하고 그 두려움을 극복하기 원하는 내담자들과 작업한 적이 있다. 내담자가 뱀과 대면하는 시간을 한두 회 가졌다. 처음에는 그 문제가 도저히 극복 못할 문제처럼 보였지만, 내담자가 두려움을 극복하도록 돕는 것은 그렇게 어려운 일이 아니었다. 나는 그저 그들이 두려움을 인정하고 뱀과 함께 있도록 시간을 주었을 뿐이다. 그러자 아주 자연스럽게 뱀에 둔감해졌다.

내가 주의할 점은 독이 없는 뱀을 구하는 것이었다. 만성적 걱정에 있어서는 모든 뱀이 독이 없다. 생각은 아무리 괴롭고 더럽고 역겹고 성가시더라도 결코 위험하지 않다. 생각은 불편한 것이지 위험한 것은 아니다.

어떤 이들은 앞에서 설명한 맞장구치기 방법만으로 충분한 효과를 얻을 수 있다. 그렇다면 에너지와 주의력을 맞장구치기 훈련에 몰아주면 된다.

만성적 걱정이 더 집요하게 자리 잡은 사람들은 특정한 맞춤 요법을 사용하는 것이 좋을 것이다. 다음 장에서 그 방법을 만날 수 있다.

9장

만성적 걱정에 사로잡혔을 때
신속히 대처하는 방법

다음은 걱정에 대처하는 그 유명한 아하(AHA) 순간이다. 아하
(AHA)는 걱정스런 생각으로 괴로울 때 취할 수 있는 세 단계를 기
억하기 쉽게 각 단어의 머리글자로 만든 말이다.

- 인정하고 받아들인다(Acknowledge and accept).
- 논쟁삼촌을 어르듯 걱정스런 생각에 맞장구친다(Humor the
  worrisome thought, as you would humor Uncle Argument).
- 활동(Activity) – '바깥세상'에서 중요한 일을 다시 시작한다.
  (필요하다면 걱정을 갖고 나가라)

다음은 아하의 각 단계별 자세한 설명이다.

인정하고
받아들인다

무엇을 인정하라는 뜻일까? 당신이 걱정스런 생각을 하고 있다는 사실 그 자체이다! 그 사실을 다시 머릿속에 떠올린다는 것은 성가실 수 있다. 어쩌면 다시 한번 이 생각을 떠올린다는 것이 너무나 비합리적으로 보여 그 생각이 등장하는 자체를 인정하고 싶지 않을 수도 있다. 걱정은 아무 의미가 없고, 당신은 그동안 걱정을 수도 없이 여러 번 떨쳐버렸다. 그런데 메일함에 한 시간마다 나타나는 스팸 이메일처럼 다시 나타나 당신을 괴롭히는 것이다.

설사 걱정스런 생각을 많이 해왔고 그로 인해 크게 괴롭지 않았더라도 당신은 여전히 걱정을 두려워할 수 있다. 왜냐하면 '만약 이번에 무슨 일이 일어나면 어쩌지?' 하는 의심이 들어 두려워하고, 그 생각에 속아서 심각하게 받아들일 수 있기 때문이다. 당신은 그 생각이 과장된 것이기를 언제나 바라지만, 그것을 확신할 수 없다.

그러면 좋다. 당신은 그저 간단히 걱정스런 생각이 또 하나 나타났다는 것만 인정한다. 당신은 뇌가 있고 그래서 생각도 있다. 그것을 무시하려고 노력할 필요도 없고 거기 없는 척 가장할 필요도 없다. 생각을 무시하는 것은 잘못된 것이 아니다. 하지만 생각을 무시하려는 노력이 오히려 그 생각에 집중하게 만든다면, 생각을 무시하려는 노력은 도움이 안 된다는 소리다.

누구에게 인정해야 하는가? 그냥 당신 자신에게 인정하면 된다. 걱정스런 생각이 등장했다는 것을 금방 알아채고, 걱정을 인정하고 다음 단계로 나아가면 된다. 때때로 당신은 걱정스런 생각에 대해서 다른 사람에게 말하고 싶을지도 모른다. 그에 대해 12장에서 논의할 것이다.

무엇을 받아들이냐고? 당신이 좋아하지 않는 생각을 하고 있다는 사실. 당신은 자신이 하고 있는 생각에 동의할 수도, 하지 않을 수도 있다. 당신은 그 생각이 합리적이라고 느낄 수도 있고 지겹다고 느낄 수도 있다. 어느 쪽이든 상관없다. 당신이 어떤 생각을 하겠다고 혹은 하지 않겠다고 선택하고 고르는 것이 아니기 때문에.

아무도 당신이 자신의 생각을 통제하기를 기대하지 않는다. 당신은 당신의 행동에만 책임이 있으며 당신의 행동에 대해서만 평가받는다. 당신은 걱정스런 생각을 할 수 있다. 당신은 질투에 가득 찬 생각을 할 수도 있고, 섹시한 생각을 할 수도 있고, 엉뚱한 생각을 할 수도 있고, 부끄러운 생각을 할 수도 있고, 열정적인 생각을 할 수도 있고, 사람을 죽일 생각을 할 수도 있다. 무슨 생각이든 할 수 있다.

위장이 시끄러운 소리를 내고 불쾌한 냄새를 풍기더라도 다 허용하듯이 무슨 생각이 떠오르더라도 허용하자. 만약 누군가 당신 뱃속에서 꾸르륵 소리가 나는 것을 들었다면, 당신은 그 사람에게 "죄송합니다" 하고 한마디만 하면 된다. 그런데 당신의 생각은 아무도 들을 수 없다. 그러니 사과할 필요도 없다. 당신은 당신의 생각을 통제할 수가 없고 따라서 판단할 필요도 없다.

최근에 약간 완벽주의적이고 자신에게 엄격한 성향을 가진 한 내담자가 나에게 물었다. "그렇지만 내가 또다시 쓸데없는 생각을 하고 있을 때 나 자신에게 무어라고 말해야 할까요?" 나는 "오, 괜찮아요. 어쩔 수 없지요."라고 말했다. 그녀는 더 복잡하고 강력한 조치가 필요하다고 생각했었나 보다. 아니다. 이것은 로켓 과학이 아니다. 당신은 당신의 생각을 통제하지 못하고 당신의 생각도 당신을 통제하지 못한다. 이처럼 생각이란 무의식적이고 자동적이다. 당신은 생각을 통제하려는 긍지에 찬 투쟁을 할 필요가 없다. 당신은 반드시 해야 할 생각이나 혹은 반드시 제외시켜야만 하는 생각을 선택하지 못한다. 만약 내가 세상을 디자인한다면 좀 다르게 만들 텐데 말이다.

인정하고 받아들이는 첫 번째 단계는 3단계 중 가장 중요하고 강력하다. 나는 아주 단순하게 묘사했지만 그렇다고 쉽다는 의미는 아니다. 아주 간단하게 원치 않는 생각을 인정하고 받아들인 다음 다른 요법을 동원할 필요 없이 바로 활동 단계로 옮겨가는 이들도 있다. 당신이 그렇다면 시간을 허비하지 말고 바로 다음 단계로 나아가라.

헌데 이런 경우는 다분히 예외적이다. 대부분의 사람들은 생각이 그보다는 더 '끈질기다'는 것을 알게 된다. 그래서 다음 단계로 재빨리 움직일 수가 없다. 그들은 여전히 논쟁삼촌과 논쟁 중이고 생각이 멈춰주기를 바라고 있다.

원치 않는 생각을 편하게 받아들이게 되기까지는 보통 오랜 시간이 걸린다. 그것은 빠른 시간에 완전히 성취하는 목표라기보다는 일생에 걸쳐 완수하는 임무 같은 것이다. 그저 간단하게 '실행하는' 것이 아니라 시간을 두고 연습하고 획득하는 것이다.

이 시점에서 나는 오셀로 보드게임 상자에 쓰여 있던 문구가 생각난다. 오셀로는 얼른 보기에는 간단한 보드게임으로, 바둑처럼 흑과 백으로 나뉜다. 상대편 말을 측면 공격해서 뛰어넘어 잡아먹으면 이긴다. 이 게임은 단순한 것 같지만, 실제로는 꽤 복잡하다. 그래서 상자에 "일 분 만에 배울 수 있지만 제대로 마스터하려면 평생 걸린다"라고 쓰여 있다.

덥고 햇빛이 쨍쨍한 날 적당한 수분 섭취를 하지 않고 테니스를 너무 오래 치면 탈수 증세가 나타난다. 그때는 물을 많이 마시면 된다. 심각한 탈수 증세라면 정맥주사가 필요할지도 모른다. 그게 전부다. 수분을 공급하면 문제는 해결된다.

만성적 걱정에 올바르게 대처하는 훈련은 수분을 공급하는 문제와 다르다. 그것은 몸매를 가꾸기 위하여 운동을 하거나 살을 빼기 위해 다이어트하는 과정과 같다. 원하는 결과를 얻기 위해서는 지속적으로 단계를 밟으며 개선하고 배우고 운동해야 한다.

다이어트에서 가장 중요한 것은 건강한 식습관과 규칙적인 운동이다. 그것이 오늘 몸무게가 얼마나 나가는가보다 더 중요하다. 좋은 습관을 가지면 몸무게는 자연스럽게 조절되기 마련이다.

같은 맥락에서, 여기서 가장 중요한 것은 오늘 얼마나 많은 걱정을 하느냐가 아니라 걱정에 대응하는 습관을 어떻게 들이느냐에 있다. 정말로 중요한 것은 올바른 방향으로 움직이는 것이다. 얼마나 빨리, 얼마나 우아하게 가느냐는 훨씬 덜 중요하다.

걱정에 대응하는 좋은 방법을 찾아내기 위해 우선 당신이 직면하고 있는 상황을 명확하게 하라. 2장에서 묻고 있는 2가지 테스트를 활용하라.

1. 지금 당신 주변에 문제가 있는가?
2. 만약 그렇다면, 당신은 그것을 바꾸기 위해 무엇을 할 수 있는가?

만약 두 질문에 모두 '예'라고 대답하지 않았다면 지금 당장 풀어야 할 현실적인 문제가 있는 것이 아니다. 당신은 다만 걱정 문제를 갖고 있는 것이다. 당신은 논쟁삼촌의 '미끼'를 문 것이다.

걱정스런 생각의 미끼를 물고 괴로워하는 것은 샴투어가 들어있는 수족관에 작은 거울을 넣어두는 것과 같다. 샴투어는 수족관에 한 마리씩만 집어넣는데, 같이 넣으면 수컷이 죽을 때까지 싸우기 때문이다. 어릴 때 우리 가족은 어항 속에 거울을 넣고 그 녀석이 거울 속에 비친 자신의 모습을 보고 맹렬하게 공격하려고 덤벼드는 모습을 보곤 했다. 녀석은 거울에 비친 물고기가 다른 물고기라 생각하고 전쟁을 준비한다. 붉게 물든 아가미가 나오고 지느

러미가 물결치며 입은 커다랗게 열린다. 물론 맞서 싸울 다른 물고기가 없으니 얼마 후에 녀석은 조용해진다. 그 몇 분 동안 녀석은 정말로 열이 잔뜩 받아 있다. 그 모습은 당신이 걱정스런 생각에 사로잡혀 있는 것과 똑같다. 반응은 리얼하지만, 위협은 실제 존재하지 않는다. 그것은 가짜 물고기인 것이다.

이런 일이 있을 때 아래 두 가지를 염두에 두라. 그 내용을 컴퓨터에 정리해 저장해두거나 조그만 노트에 적어서 기억하는 습관을 들이라.

1. 당신이 느끼는 것은 불안한 감정이다.

2. 불안을 느끼는 것은 괜찮다. 당신은 불안을 정말로 싫어할 것이다. 불안은 더운 방에 불편하게 앉아 있는 기분과 같지만, 산불 속에서 캠핑하는 것과 같지는 않다. 불안은 불편한 것이지 위험한 것은 아니라는 얘기다. 불편하게 뜨거운 방에 앉아서 산불에 관한 책이나 영화를 보는 것과 같은 것이다. 아무리 영화가 현실적이고 묘사가 생생해도 단지 불편할 뿐 위험하지는 않다.

당신이 직면한 문제는 당신이 걱정하는 내용이 아니다. 당신이 직면한 문제는 걱정에 반응하면서 불편함을 느끼고, 걱정을 진지하게 받아들이고 저항하려고 한다는 점이다. 걱정스런 생각에 저항할 때

'노력할수록 상황이 더 나빠지는' 어려움을 다시 겪게 된다.

인정하고 받아들여라. 이것이 첫 번째 단계이다. 당신이 자주 미끼를 물고 논쟁삼촌과 논쟁하게 된다면 다음 단계가 도움이 될 것이다.

걱정과 싸우지 않고
같이 노는 방법 7가지

생각은 일시적으로 존재한다는 것을 인정하고 그 존재를 최대한 받아들여라. 걱정스런 생각을 장난스럽게 반직관적으로 대하면 도움이 된다.

그러니 아주 다른 방법으로 접근해보자. 반대 규칙을 적용해보자. 다음은 논쟁삼촌의 미끼를 물고 휘말려들었을 때 장난스럽거나 바보같이 대응할 수 있는 방법이다.

걱정노래를 불러라. 누구나 걱정노래를 만들 수 있다. 내 웹사이트에 공황발작에 대한 노래가 있다. 내가 직접 부른 곡이다. 그중 외우기 쉬운 노래를 골라서 당신만의 걱정노래를 만들어라. 가사는 시시때때로 찾아오는 걱정거리를 넣어 만들라.

다음은 공황발작을 주제로 내가 만든 노래로, '캠프타운 레이스(Camptown Races)' 멜로디에 맞춘 것이다.

나는 미칠 것이고 죽을 거야

두다 두다

패닉이 날 잡아먹을 거야

오, 두다 데이

내 머리를 가볍게 만들어줘

내 가슴이 하루 종일 달리게 만들어줘

알몸으로 쇼핑몰을 달려

두다 두다 데이

하이쿠를 써라. 노래를 부르고 싶지 않다면 하이쿠를 써도 좋다. 하이쿠는 전통적인 일본 시를 말한다. 하이쿠에 관해서는 배울 것이 많지만, 여기서는 중요한 특징에만 집중하기로 한다.

우리에게 필요한 하이쿠는 라임이 없는 세 줄짜리 시다. 첫 줄은 5개 음절로 이루어진다. 두 번째는 7개 음절, 세 번째는 5개 음절이다. 이 형태에 맞추어 당신의 걱정에 관한 세 줄짜리 라임 없는 시를 쓰면 된다.

당신을 괴롭히는 생각이 있고, 당신은 그것이 무엇인지 알고 있지만 그것을 간단히 치워버릴 수 없다. 그 생각에서 벗어나기 위해 스스로 설득도 해보고 주의를 다른 데로 돌려보기도 했다. 그 생각을 그만두기 위해 여러 방법을 동원했지만 효과가 없다. 당신은 여전히 싸우려 하고 있는 샴투어 같다. 이제는 하이쿠를 할 좋은 시간이다.

다음은 나와 상담한 내담자들이 쓴 하이쿠다.

나는 지금 어지러움을 느낀다.
나는 아마도 미칠 것 같다.
부디 내 화초에 물을 주어라.

나는 지금 비행기를 탔다.
그들은 내가 떨면서 우는 것을 볼 것이다.
제발 구토 봉지를 내게 건네주어라.

만약 하이쿠가 당신한테 너무 이국적이라면 5행시는 어떤가?

5행시를 써라. 당신은 어렸을 때 5행시를 접해보았을 것이다. 5행시는 5줄짜리 시이다. 첫째와 둘째 그리고 다섯째 줄이 서로 라임이 맞고 같은 음절수(보통 여덟이나 아홉)를 갖는다. 세 번째와 네 번째 줄도 서로 라임이 맞으며 같은 음절수(보통 다섯이나 여섯)를 갖는나. 이 구조는 복잡하게 들리지만 실제로 해보년 아주 쉽다. 5행시는 독특한 리듬을 갖고 있다. 5행시는 종종 "한때는…" 또는 "옛날에는…"이라는 구절로 시작한다.

다음은 5행시 샘플이다.

신시내티 부근에서 온 여인이 생각했다.

만약 내가 진짜로 돌아버리면 어쩌지?

내 머리는 망가질 거야

사람들은 내가 미쳤다고 말할 거야

내 친구들은 모두 심술궂게 나올 거야

제2 언어로 걱정하라. 고등학교 때 외국어를 배운 게 전부인 사람도 얼마든지 외국어로 걱정할 수 있다. 하이쿠나 5행시를 만들 때처럼 여기서도 내용을 바꾸지 않는다. 단지 형식만 바꿀 뿐이다. 이 작업을 해보면 정말로 걱정에 대한 반응을 바꿀 수 있다. "숨막혀 죽다"를 독일어로 어떻게 말하는지 기억하려고 노력할 때, 예상치 못한 결과가 나타난다.

내가 처음 해외여행을 갔을 때 얘기를 잠깐 해보자. 여행지는 아프리카였다. 공항에 내린 순간 나는 이루 말로 다 표현할 수 없는 해방감을 느꼈다. 반드시 이루어야 한다고 여기던 목표, 내가 사는 곳에서 그토록 중요했던 내 역할과 의무 등 그동안 내가 절대적이라고 여겨왔던 가치와 신념이 일순간에 날아가버리는 순간이었다. 외국어로 걱정하면서 이와 비슷한 체험을 해볼 수 있다.

가짜 외국어로 걱정하라. 그렇다. 바보 같은 짓이다. 그렇지만 해보시라. 바보 같은 짓은 걱정을 대하는 관점을 유지하는 데 도움이 된다. 당신의 걱정에 필요 이상의 존경을 표할 필요가 없다.

걱정 목록을 작성하라. 만성적으로 걱정하는 내용을 쭉 정리해보라. 자주 등장하는 기본 목록을 작성해두고, 새로운 내용이 나오면 추가하라. 한번 기본 목록을 작성해두면 매번 걱정이 올라올 때마다 그 내용이 목록에 있는지 살펴보게 된다. 만약 목록에 없으면 추가한다. 목록에 올리고 나서는 할 일을 하면 된다. 걱정을 기록해 놓았으니 언제라도 거기로 돌아갈 수 있다. 지금 당장 그에 관해 생각할 필요가 없다. 목록에 그것을 기록해 놓았으니까.

목록은 10장에서 제안하는 방법에 유용하게 쓰일 것이다.

걱정거리를 녹음하라. 스마트폰이나 녹음기에 녹음할 수 있다. 여기서 중요한 것은 걱정하는 동안 머릿속에서 일어나는 과정을 흉내 내는 것이다. 보통 '만약 ~면 어쩌지?' 하는 두세 개 생각을 수없이 반복하는 식이 될 것이다.

여러 가지 실행 방법이 있다. 그중 한 가지 방법은 '만약 ~면 어쩌지?'로 이루어진 문장을 30~60초 사이에 여러 번 녹음한다. 그리고 시간을 따로 내서 10분 간격으로 녹음된 걱정을 계속 재생해서 듣는다. 그 효과는 마치 누군가가 걱정하고 있는 동안 그들의 생각을 엿듣고 있는 것과 비슷하다.

이 훈련을 하면 걱정에 더 주목하게 되어 걱정을 멈출 수 없을까봐 우려하는 사람들이 많다. 그렇다면 8장에서 스물다섯 번 반복한 실험(당신이 그 실험을 했기를 희망하며)을 되새겨보고, 거기서 얻은 결과를 떠올려라. 그 훈련을 한 사람들은 대부분 훈련을 반복할수록 걱정이 감정적인 힘을 잃고, 머릿속이 정리된다고 말한다.

길게 걱정을 녹음하는 방법도 있다. 논쟁삼촌과 논쟁하는 식이다. 그 안에서 당신은 걱정과 말을 주고받으며 걱정이 틀렸음을 입증하거나, 침묵시키거나, 진정시키려고 노력한다. 양쪽 논쟁 당사자 역할을 해보라. 당신을 짜증나게 만드는 논쟁삼촌과, 스스로를 안심시키려는 당신. 이 방법으로 30분짜리 녹음을 만들고 시간을 내서 규칙적으로 듣는다.

당신은 걱정과 노는 것을 걱정하는가?

걱정스런 생각에 저항하거나 걱정을 진지하게 대하지 않고 걱정과 장난치는 방법도 있다. 만성적 걱정에 맞장구치는 방법에 대해 어떻게 생각하는가? 사람들은 처음에는 걱정스런 생각에 맞장구친다는 발상에 대해 불안해한다. 만성적 걱정 자체가 위험하기라도 한 듯이 매우 진지하고 사려 깊게 대우해야 한다고 믿고 있기 때문이다. 11장에서 이 믿음에 대해서 살펴보겠다.

만약 걱정을 더 형식적으로 대하는 쪽을 선호한다면 뉴하빈저 웹사이트(http://www.newharbinger.com/33186)에 나와 있는 '걱정 일기'를 활용할 수 있다. 당신이 걱정에 사로잡혀 있을 동안 사용할 수 있는 질문지이다. 시간을 좀 내서 당신의 걱정을 관찰하고 일기에 제시된 질문에 답하면 된다. 일기 쓰기는 걱정스런 생각을 적절히 관찰하고, 걱정과 논쟁하거나 저항하지 않도록 해줄 것이다. 만약 황소가 붉은 깃발이 아니라 투우사의 괴상한 몸짓에만 관심을 보인다면 유혈이 낭자한 투우는 존재하지도 않을 것이다.

걱정 일기는 상당히 도움이 된다. 그렇지만 나는 더 유머러스하고 장난기 있는 방법도 같이 실험해보기를 권고한다. 그 방법이 장기적으로 더 많은 보상을 주기 때문이다.

두 번째 단계는 언제 끝나는가? 걱정이 없어지기를 기다리면서 반복해서 걱정에 맞장구치는 일은 하지 마라. 그것은 논쟁삼촌과 너무 많이 논쟁하는 꼴이다. 걱정스런 생각에 맞장구치는 태도를 유지하고, 그런 다음 세 번째 단계로 나아가라. 당신이 바깥세상으로 돌아갈 때 걱정스런 생각이 따라오면, 따라오도록 그냥 내버려두라.

머릿속에서 사는 것보다
바깥세상에서 사는 게 낫다

시력을 교정하려고 병원에 가면 의사가 렌즈를 바꿔가면서 이렇게 묻는다. "이게 더 나은가요 아니면 이게 더 나은가요?" 이때 당신은 어느 렌즈가 더 편하고 잘 보이는지 비교해보려고 노력한다.

걱정에 사로잡혀 있을 때도 비슷한 선택에 직면한다. 선택은 이렇다: "여기가 나은가(내면세계) 혹은 여기가 나은가(바깥세상)?"

일반적으로 바깥세상에 관여하는 것이 훨씬 더 도움이 된다. 걱정하고 불편할 때는, 머릿속으로 생각을 없애려고 노력하면서 시간을 보내는 것보다 중요하거나 좋아하는 활동을 하는 것이 더 좋다. 활동을 한다고 해서 금방 기분이 좋아지지는 않는다. 하지만 활동을 하면 여러 가지로 유익하다.

비행 공포증을 가진 사람들을 이끌고 비행기를 탈 때 한두 사람은 끔찍하게 어려움을 겪는다. 그들은 게이트에 서서 탑승 생각에 익숙해지려고 열심히 노력하지만, 편안해지지 못하고 불안에 떨며 꼼짝 못하곤 한다.

그때 금방 기분이 좋아지는 방법은 공항을 떠나 집으로 가는 것이다. 그러면 잠깐 기분이 좋겠지만 그 기분이 오래가지 않는다. 주차장에 도착할 때쯤이면 후회하기 시작하고 그날 하루를 비참한 기분으로 보낸다. 한편 바로 그 순간이 아니라 그날 밤에 어떻게 느낄까 하는 데 맞춰 결심을 하고 비행기에 오르면, 타는 순간에는 두려움을 느끼지만 집에 돌아갈 때는 뿌듯한 성취감을 느낄 것이다. 누구나 아는 사실이다.

당신은 걱정에 대해서도 비슷한 선택을 한다. 걱정스런 생각에 대해 좀더 생각해야 한다고 판단하고 그 생각을 되새기려는 것은, 콩이 들어 있는 종지를 알아맞히는 게임에 지나지 않는다. 게임은 부정하게 조작되기 때문에 당신은 이길 수가 없다. 반대의 규칙에서는 정반대 방법을 제시한다. 걱정이 줄어들 시간을 주는 동안 당신은 무언가 다른 것을 해보자는 것이다.

이 방법은 매우 바쁘게 움직여서 걱정을 멈추게 하자는 것과는 다르다. 바쁘게 움직이는 것은 '생각하는 것을 멈추기'와 같은 범주일 뿐, 궁극적으로 도움이 되지 못한다.

당신의 걱정을 데리고
산책을 나가라

개를 키우는데 개가 뛰어놀 공간이 없으면 개를 데리고 산책을 해야 한다. 그런데 개 산책이 하기 싫을 때가 있다. 날씨가 춥거나 밖에 눈이 오거나 책을 쓰느라 너무 바쁘거나 두통이 있거나 하는 날이면 특히 그렇다. 그러나 개에게 밖에서 똥 싸고 오줌 눌 기회를 주지 않으면 실내에서 해결할 것이다. 이것은 두통이나 책 쓰기에 별로 보탬이 되지 않는다. 산책을 시킬 때 개가 항상 당신이 원하는 대로 움직이는 것도 아니다. 때로는 앞서가서 당신을 잡아끌기도 하고 때로는 한참 뒤에 처져서 되돌아가야 할 때도 있다. 먹지 말아야 할 것을 먹기도 하고 이웃집에 대고 마구 짖어대기도 한다.

개는 당신의 걱정스런 생각과 매우 비슷하다. 걱정은 당신이 정말로 신경 쓰고 싶어 하지 않을 때 나타나 주의를 흩뜨리기도 하고, 때로는 당신이 간절히 원하는 것을 하지 않기도 한다. 그러나 혼자 하는 산책보다 함께하는 산책이 훨씬 낫다. 인생이란 그런 것이다.

우리는 바쁠 때 걱정을 덜하고 한가할 때 걱정을 더한다. 만성적 걱정은 당신이 활동적일 때 빠르게 사라진다. 따라서 당신 주변의 바깥세상에 집중하고 에너지를 쓰는 것이 유용할 것이다. 그렇다고 무조건 바쁘게 살라는 의미는 아니다. 바쁘게 사는 것은 생각을 없애려고 노력하는 것처럼 너무 지나친 대응이다. 생각을 없앨 수 있으면 가장 좋다. 하지만 생각을 없애려고 노력하면 생각이 지속적으로 더 많이 올라온다는 것이 문제다.

걱정 문제도 그렇다. 디너파티에 가기에 더 좋은 때가 있을 텐데, 인생은 "입은 옷 그대로 오세요" 하고 초대하는 파티와 같다. 만약 그날 밤 파티가 걱정된다면 걱정거리를 싸 짊어지고 데리고 가라. 걱정이 없으면 더 행복할 것 같은가? 그렇다. 그렇지만 원한다고 즉시 걱정이 사라지지 않는다. 혼자서 걱정을 끌어안은 채 침대에 누워 있는 것이 더 좋은가? 아마 아닐 것이다.

볼일을 보라. 걱정이 곧 떠날지도 모른다. 설사 그렇지 않더라도 당신은 걱정이 지나가기를 기다리는 동안 삶을 열심히 살아낸 것이다.

사람들은 걱정이 없을 때 일을 더 잘할 수 있으리라 믿고 어떤 일도 맡으려고 하지 않는다. 또 다른 사람들이 자신의 걱정을 알아차릴까 걱정이 돼 스스로 고립되려고 한다. 이 두 가지 모두 걱정에 대한 우리의 본능적 대처이다. 하지만 실제로는 도움이 되지 않는다.

두 가지 모두 걱정스런 생각을 없앤 후에 바깥에서 벌어지는 활동에 참여하는 것이 좋다고 제안한다. 그러나 실제로는 완전히 그 반대다. 바깥세상에 참여할 때 우리의 에너지와 주의력은 밖으로 향하고 '머릿속' 에너지는 적어진다. 게다가 당신이 바깥세상과 상호작용할 때 당신은 현실적인 경험법칙의 영향을 많이 받는다. 이와 대조적으로, 당신이 머릿속에 머물고 있을 때 당신은 무엇이든지 상상할 수 있다. 때문에 예기적 걱정(anticipatory worry)이 현실에서 일어나는 어떤 일보다 더 나쁘다. 당신의 머릿속에는 규칙이 없고 무엇이든 가능하다. 하지만 바깥세상에는 현실세계의 규칙이 적용된다.

당신은 이제 걱정스런 생각을 알아채고, 인정하게 되었다. 걱정에 저항하고자 하는 본능을 제처두고 대신에 '지금 걱정하고 있구나' 하는 상황을 받아들이게 되었다. 진지하게 받아들이기보다는 노래나 시로 장난스럽게 놀이처럼 대했다.

당신은 내면에만 머물지 않고 바깥세상으로 돌아와 의미 있는 활동을 하기 시작했다. 그리고 걱정이 따라오도록 기꺼이 허락했다.

이런 식으로 걱정에 대처하는 것은 이전에 하던 노력과 비교해 어떤가?

평소 하던 것에 반대된다면, 좋다! 당신은 반대의 규칙으로 제대로 가고 있는 것이다.

10장에서 만성적 걱정의 양을 줄이기 위해 매일 일과 속에서 실천할 수 있는 규칙적 단계를 살펴볼 것이다.

만성 걱정을 없애는
카보넬 박사의 특별 처방전

이 장에서는 하루에 하는 걱정의 양을 줄이고, 점차 걱정으로 인해 지장을 덜 받게 해주는 세 가지 방법을 소개한다. 첫 번째는 걱정스런 생각에 규칙적으로 노출되는 것과 연관이 있다. 두 번째는 호흡법 연습이고, 세 번째는 마음챙김 명상이다. 이 3가지를 매일 비타민 먹듯이 실천하라.

8장에 나온 실험을 시도했다면, 의도적으로 만성적 걱정에 주의를 돌릴 때 걱정으로 인해 생기는 감정이 약간 힘을 잃는다는 것을 알았을 것이다. 내 내담자들은 일반적으로 생각 멈추기보다 의도적으로 걱정하기에서 더 위안을 받는다고 말한다.

내담자들은 그 결과에 놀란다. 너무도 반직관적이기 때문이다. 그들은 의도적으로 걱정하기보다 걱정 멈추기에서 더 많은 위안을 얻으리라고 예상했었다. 그러나 결과는 보통 그 반대로 나타난다. 당신도 이 이치를 깨닫게 될 것이다. 반대의 규칙은 걱정 문제에 관한 가장 좋은 가이드이다.

9장은 원치 않는 만성적 걱정에 사로잡혔을 때 신속히 대응할 수 있는 다양한 방법에 대해 다뤘다. 모두 반대의 규칙과 관련된 것으로, 그중 몇몇은 어리석게 보일지도 모른다. 내가 바보거나 당신을 바보로 생각해서 어리석어 보이는 방법을 제안하는 것이 아니다. 만성적 걱정의 대부분이 바보 같기 때문이다. 당신이 걱정스런 생각을 액면 그대로 받아들이면 당신은 걱정에 속아 넘어가는 것이다.

걱정을 줄여
가벼워지는 '역설적' 방법

당신이 백화점 매니저로 일한다고 가정하자. 당신에게는 고유 업무가 있고 또 당신이 관리해야 할 직원들이 있다. 당신은 직원들과 소통하는 일과 당신의 고유 업무 사이에서 균형을 잡기 위해 여러 가지 방법을 시도했다. 당신은 직원들이 언제라도 당신 방으로 들어올 수 있도록 항상 문을 열어두었다. 직원들이 언제든 당신과 소통할 수 있어서 신속히 의사결정을 내릴 수 있게 되었다. 그런데 직원들이 수다 떨러, 불평하러, 아첨하러 끊임없이 당신 방으로 들어오는 통에 당신은 자신의 고유 업무를 볼 수 없었다.

그래서 중대한 사안이 있는 직원만 들어올 수 있게 문을 닫아두었다. 이제 직원들은 당신과 눈 마주칠 기회를 기다리며 당신 방 주변에서 한가하게 앉아 떠들고 얼쩡거리기 시작했다. 용감한 직원은 문을 두드리거나 문 밑으로 쪽지를 들이밀기도 했다. 그 결과 직원들의 생산성이 떨어졌다.

그 경우에 당신은 제 3의 방법을 쓸 수 있다. 직원들과 면담 스케줄을 정하는 것이다. 또 긴급한 일이 아니라면 당신을 혼자 있게 두도록 요청한다. 당신은 하루 중 많은 시간 문을 닫아두고 자신의 업무를 할 테고, 약속된 시간에는 방문을 열어둘 것이다. 이것이 만성적 걱정과 좋은 관계를 갖기 위해 내가 제안하는 방법이다. 걱정을 위한 스케줄을 짜라.

당신은 아마도 걱정이 전혀 없기를 바랄 것이다. 또한 당신은 걱정을 피하거나 맞서는 것이 걱정에 힘을 줄 뿐이라는 것도 이제 안다. 차라리 걱정과 약속을 정하는 것이 더 도움이 된다. 이 방법은 쓸데없고 집요하고 환영받지 못하는 만성적 걱정을 위해 고안되었다.

하루 10분
걱정만 생각하기

이 시간은 오로지 걱정만을 위하여 낸 시간이다. 이것은 우리의 상식과 어긋나기 때문에 이상하게 들릴지 모르겠다. 그러나 '불에는 불로 싸우기'를 할 때 흔히 볼 수 있다. 불에는 불로 싸우기는 그저 은유만은 아니다. 실제 산불이 날 때 통제하는 기술이다. 불이 더 번지지 않도록 불붙을 만한 물질을 의도적으로 모두 태워버린다. 더 이상 태울 게 없어서 산불이 꺼진다.

저항은 만성적 걱정이 퍼지는 연료다.

약 10분 동안 당신은 순전히 걱정만 한다. 오로지 걱정에만 집중하고 아무것도 하지 않는다. 운전이나 샤워, 식사, 청소, 문자, 음악 듣기, 기차 타기 등등 어떤 행동도 하지 않는다. 10분 동안을 꼬박 평소 걱정하던 내용을 걱정하며 보내라. 미리 걱정 목록을 만들어 놓는다. 또는 9장에서 작성한 리스트를 사용하라. 그리고 문제를 해결하려 하지 말고, 스스로를 안심시키려 하지 말고, 문제를 최소화하려 하지 말고, 긴장을 풀지 말고, 마음을 비우지 말고, 걱정을 멈추기 위한 어떤 행동도 하지 말라. 그서 걱정만 하라. 수많은 '만약 ~면 어쩌지?' 질문만 반복해서 읊어보라.

처음에는 낯설고 우스꽝스럽게 보일 것이다. 그렇지만 이 책을 읽는 당신은 걱정에 관해 많은 경험이 있을 것이다. 이제 그 경험을 활용할 기회다.

하루에 두 번 이 시간을 정해놓는다. 전화나 현관 벨에 응답하지 않아도 되고 아이들을 돌보지 않아도 되는 조용한 시간을 고른다. 아침에 깨어난 직후, 밤에 잠들기 직전, 식사 직후는 피한다.

걱정하는 자신을 지켜보기

세부 사항 하나 더. 커다란 목소리로 거울 앞에서 걱정하라.

이 방법이 가장 이상하게 보일 것이다. 그렇지만 중요한 사항이므로 절대 빠뜨리면 안 된다. 거울 앞에서 걱정하면 걱정을 더 잘 관찰할 수 있다. 대부분의 걱정은 잠재의식적이다. 걱정은 우리가 여러 가지 일을 할 때 일어난다. 우리는 운전하면서, 강의를 들으며, 샤워를 하면서, 음식을 먹으며, 텔레비전을 보면서 걱정을 한다. 그리고 우리가 걱정에 주의를 온통 기울이지 않기 때문에 걱정이 끊임없이 계속되기도 한다.

걱정은 잠재의식 속에서 일어나기 때문에 더 강력한 영향을 미친다. 우리는 걱정이 모두 내 생각이기 때문에 걱정에는 무언가가 있다고 가정한다. 사람이란 온갖 난센스를 생각할 수 있다는 데는 주목하지 않는다.

커다란 목소리로 걱정을 하면 걱정을 그저 말하는 것뿐 아니라 듣기도 한다. 거울 앞에서 걱정을 하면 걱정하는 자신을 보기도 한다. 당신은 그저 당신의 마음 뒤에서 걱정만 하는 것이 아니다. 당신은 걱정하는 자신을 듣고 본다. 걱정은 더 이상 잠재의식 차원에서 진행되지 않는다. 이제 당신은 걱정에 대해 더 나은 관점을 갖게 된다.

이런 식으로 하루 중 시간을 정해 걱정에만 집중한다. 이것이 걱정과 한 약속이다. 약속 시간이 되면 당신은 온전한 집중력으로 오로지 한 가지, 걱정만 한다.

누가 왜 이런 일을 할까?

자신이 걱정하는 모습을 지켜보는 것은 기이하고 불편해 보일 것이다. 걱정과 약속을 해야 하는 이유가 있을까?

이유가 있다. 걱정과 약속한 시간이 아닐 때 걱정하고 있다면 당신은 다음 둘 중 하나를 할 수 있다.

a) 지금 10분간 시간을 내어 이 문제에 대해 의도적으로 걱정을 하거나

b) 다음번 걱정과 약속한 시간으로 미룬다.

결과. 즉각적으로 얻을 수 있는 이익은 걱정을 뒤로 연기하는 능력이다. 내 내담자 중 많은 이들은 이 방법으로 하루의 많은 시간을 걱정 없이 보낼 수 있다고 전한다. 그렇지만 이것은 당신이 처방받은 대로 걱정 시간을 실제로 지킬 때에만 효과가 있다. 자신이 실제로 걱정과의 약속을 지키지 않을 것을 알고 걱정을 미루려고 할 경우, 효과가 없을 수도 있다. 그러니 당신 자신을 속이려 들지 마라.

걱정을 뒤로 미루고 하루에 많은 시간을 걱정하지 않고 지낼 수 있다는 것 그 자체만으로도 걱정과의 약속은 가치가 있다. 아울러 또 다른 이유가 있다. 걱정과의 약속을 규칙적으로 활용하다 보면 만성적 걱정에 대한 자동적 대응 방식을 변화시킬 수 있다. 또한 걱정스런 생각을 덜 진지하게 받아들이게 된다.

걱정에 대하여 행동을 취하는 것이 머릿속으로 생각하거나 설득하거나 생각을 바꾸려 하는 것보다 훨씬 더 도움이 된다. 걱정과의 약속이 그 좋은 예이다. 지금 시도해보는 것은 어떤가? 10분 시간을 내서 앞에서 묘사한 훈련을 해보고, 다시 돌아와서 이 장을 끝내라. 지금 걱정과의 약속을 실행하기에 편리한 시간이 아니라면 이 페이지에 표시를 해놓고 편리한 시간에 이 페이지로 다시 오라. 당신이 꼭 시도했으면 좋겠다. 행동이 생각보다 낫다.

"10분 채우기가 어렵던데요."

나는 만성적 걱정으로 나를 찾아온 많은 내담자들에게 걱정과의 약속을 실행해보라고 권했다. 그 방법을 시도한 사람들에게 많은 코멘트와 반응을 들었다. 이 요법을 처음 제안했을 때, 절반쯤은 나를 멍청이라고 여기고 다시는 나를 찾아오지 않으리라고 예상했다. 그러나 그런 일은 일어나지 않았다.

내담자들이 보인 가장 흔한 반응은 이랬다. "맙소사, 그 10분 채우기 정말 힘들던데요." 나는 그 반응을 보고 처음에는 혼란스러웠다. 왜냐하면 다들 걱정이 많은 사람들이었고, 하루하루가 걱정으로 가득 차 있었기 때문이다. 그런데 어떻게 10분 채우기가 어렵다는 것인가? 내담자들을 통해 나는 점차 다음과 같은 사실을 발견했다. 많은 이들이 10분 약속 시간에서 1, 2분이 지나면 더 보탤 걱정이 없다고 고백했다. 잠재의식적으로 걱정을 할 때 그들은 그저 같은 걱정을 반복한 것이었다. 그러니 그렇게 오랜 시간 동안 걱정이 계속된 것이다.

그들은 걱정과의 약속 시간에 같은 걱정을 반복하지 않고 새로운 걱정거리로 10분을 채울 것이라고 예상했다. 하지만 그렇게 많은 걱정거리를 생각해내지 못했다.

여기서 만성적 걱정이 갖는 중요한 면을 알 수 있다. 하루 종일 걱정한 경험이 있더라도, 그 시간 동안 실제로 새로운 걱정이 돌출한 적은 거의 없다는 점이다. 거의 1, 2분 동안에 했던 걱정이 무한 반복된 것이었다. 그래서 10분을 채우기 힘든 것이다.

그러니 걱정과의 약속을 잡을 때 매번 새로운 걱정거리가 필요하다고 걱정하지 말라. 걱정과의 약속 시간에는 자연스럽게 걱정할 때처럼 평소 걱정을 그대로 반복하라. 만약 2분간의 걱정 재료가 있다면 그것을 다섯 번 반복하라. 그렇게 10분을 보내라.

원한다면 새로운 걱정을 만들 수도 있다. 내 걱정을 빌려줄 수도 있다. 걱정과의 약속 시간 동안 걱정 내용은 중요치 않다. 중요한 것은 걱정만 하면서 10분을 채우는 것이다.

내가 종종 듣는 또 다른 반응은 다음과 같다. "약속 시간에 하는 걱정의 질이 평소와 똑같은지 확신이 서지 않는다." "이런 식으로 걱정하니까 내가 무언가 놓치고 있는 것 같다." 내담자들이 이렇게 말할 때 나는 "최선을 다하세요."라고 말한다. 물론 농담이다. 그리고 우리는 그에 관해 더 토론한다. 이러한 반응은 이 사람이 걱정에 관하여 어떤 믿음이 있다는 것을 가리킨다. 이 사람은 암암리에 걱정을 '가치' 있는 것으로 믿게 되었는데, 걱정과의 약속 시간에 걱정을 하면서 그 신념이 흔들리기 시작한 것이다.

걱정과의 약속을 활용하는 데는 어느 정도 노력이 필요하다. 다음 며칠간 걱정과의 약속을 몇 번 시도해보라. 만약 이 장에서 묘사한 그대로 당신에게 잘 적용되는 것 같다면, 앞으로 2주 동안 정기적으로 해볼 것을 권한다. 2주 후에 검토하고 계속할지 아니면 끝낼지를 결정하라.

대부분의 사람들이 걱정과의 약속을 내가 추천한 것보다 조금 더 일찍 중단하고 싶어 한다. 괜찮다. 만약 만성적 걱정 습관이 사라졌다가 다시 나타난다면, 언제든 다시 시작할 수 있고 좀 더 오래 할 수 있다. 규칙적으로 걱정과 약속을 잡는 것은 아마도 불편하고 성가신 일일 것이다. 그래서 사람들은 이점이 있는데도 그만두고 싶어 한다. 나는 걱정과의 약속은 몇 개월 동안 지속해야 장기적인 개선 효과가 있다고 생각한다.

오래 지속하는 방법은 짧은 일기를 쓰는 것이다. 걱정과의 약속 스케줄이 적힌 목록을 작성해서 매번 약속이 끝난 다음에 당신의 반응을 적는다.

편안하게 호흡하면서
걱정에 집중하기

숨쉬기는 걱정과 불안의 영향을 많이 받는다. 공황발작이 일어날 때 가장 극적으로 알 수 있다. 공황발작이 일어나면 공기 부족으로 질식할 것 같이 느낀다. 실제로는 그렇지 않다. 아무도 공황발작으로 질식하지는 않는다. 그렇지만 당사자는 호흡 곤란을 경험하고 곧 재난이 일어날 것이라고 생각한다. 만성적 걱정으로 고생하는 사람들은 이보다 덜 극적이긴 하지만 여전히 호흡하는 데 불편함을 겪는다. 어지럼증과 현기증, 사지의 무감각과 얼얼함, 깊이 숨쉬기 어려움, 긴장과 중압감, 기절에 대한 생각, 심장 박동의 증가 등이 나타난다.

이들 증상은 전혀 위험한 것은 아니지만, 걱정에 대응하기 더 어렵게 만든다. 그러므로 좋은 숨쉬기 운동을 배워 놓으면 도움이 된다. 숨쉬기 운동의 요점은 숨쉬기를 통제하겠다는 것이 아니라, 충분히 편안하게 호흡해서 더 중요한 만성적 걱정에 집중할 수 있게 해준다는 것이다.

심호흡을 시도했으나 성공하지 못했는가? 심호흡에 대한 설명이 불완전해서 그럴 수 있다. 심호흡이 필요하다는 말이 여기저기서 들린다. 하지만 실제로 해보려면 조언이 별로 도움이 되지 않는다. 좋은 조언이지만 불완전하다. 누구도 어떻게 심호흡을 하라고 친절하게 설명해주지 않는다. 지금부터 어떻게 심호흡을 해야 하는지 설명하겠다.

숨쉬기 힘들다고 느끼는 것은 숨을 내쉬는 것을 잊어버렸기 때문이다. 그렇다. 심호흡을 하기 전에 당신은 숨을 내쉬어야 한다. 왜? 짧고 얕은 방식으로 (가슴으로부터) 숨을 쉬다가 빠르게 심호흡으로 바꾸기란 매우 어렵다. 당신은 가슴에서 나오는 짧고 가쁜 숨만 몰아쉬게 된다. 그러면 필요한 공기가 유입되기는 하겠지만 기분은 좋지 않을 것이다.

계속 해보라. 그러면 내 말이 무슨 의미인지 알 것이다. 한 손은 가슴에, 다른 한 손은 배 위에 얹어라. 그리고 숨 쉬는 데 어떤 근육을 사용하는지 손으로 알아보라. 처음 몇 번은 가슴으로 아주 얕게 숨을 쉬고 그러고 난 뒤 심호흡을 시도하라. 숨을 들이마실 때 횡격막이나 복부보다는 가슴 근육을 계속 사용하는 것을 알게 될 것이다. 심호흡은 배에서 온다.

얕은 숨을 쉬어도 사는 데 필요한 공기를 얻을 수는 있다. 그렇지만 당신은 불편함을 느낀다. 불편할 정도로까지 가슴 근육을 조였기 때문에 가슴 통증이나 답답함을 느낄 수 있다. 또 약간 어지럽거나 현기증을 느낄 수도 있다. 가쁜 호흡이 과호흡증후군 같은 증상을 수반하기 때문이다. 또한 신장 박동이 빨라지고 어쩌면 사지의 감각이 둔해지거나 얼얼할 수도 있다. 이 모든 것이 숨이 가쁘고 얕은 데서 온다.

숨쉬기는 실제로 만성적 걱정에 대처하는 일종의 여흥이다. 만성적 걱정에 대한 가장 중요한 대응은 새로운 기법을 사용하여 걱정과 다른 관계를 맺는 것이다. 복식호흡은 당신이 걱정과 새로운 관계 맺기를 배우는 동안 육체적 증상을 관리하는 데 도움을 준다. (복식호흡을 걱정에 맞서고 저항하는 또 다른 방법으로 사용하지는 말라.)

복식호흡 훈련하기

1. 한 손을 허리 벨트라인에 두고 다른 한 손을 가슴뼈 바로 위에 둔다. 손을 간단한 생체 자기제어 장치처럼 사용한다. 숨 쉬는 데 몸의 어느 부분과 어떤 근육을 사용하는지를 손이 말해줄 것이다.

2. 마치 지금 막 누군가로부터 정말로 성가신 말을 들은 것처럼 입을 벌리고 완만하게 큰 숨을 쉰다. 이때 어깨와 상체 근육이 내쉬는 숨과 함께 편안하게 내려가도록 한다. 큰 숨쉬기의 핵심은 폐를 완전히 비우는 것이 아니다. 그냥 상체 근육을 쉬게 하는 것이다.

3. 입을 다물고 몇 초간 쉰다.

4. 입을 다문 채 배를 내밀면서 코를 통해 천천히 숨을 들이마신다. 숨을 들이마시기 전에 아주 잠깐이라도 배를 움직인다. 이 움직임이 공기를 끌어들인다. 편안하게 느낄 만큼 많은 공기를 들이마시고(상체를 거기에 던져 넣지 않고) 멈춘다. 들숨은 이것으로 끝난다.

5. 휴식. 얼마나? 각자 정한다. 나는 얼마라고 말하지 않겠다. 모두 다른 속도로 세고 다른 크기의 폐를 가졌으니까. 각자 편

하게 느끼는 만큼 쉰다. 그렇지만 복식호흡을 할 때는 평소보다 크게 숨을 쉰다는 것은 알아두라. 그 때문에 평소보다 천천히 숨을 쉬어야 한다. 만약 평소대로 짧게 가쁜 숨을 몰아쉰다면 과다 호흡으로 약간 어지러움을 느낄지도 모르고, 이로 인해 하품을 할 수도 있다. 둘 다 해롭지는 않고 그저 천천히 하라는 신호일 뿐이다. 따르면 된다.

6. 입을 벌리고 배를 안으로 잡아당기며 숨을 내쉰다.

7. 휴식

8. 4번부터 7번까지를 반복한다.

지금 시도해보라. 복식호흡을 몇 분 동안 연습해보라. 손이 안내자가 되게 하라. 손은 당신이 제대로 하고 있는지 아닌지 말해줄 것이다. 호흡할 때 배 근육이 움직여야 한다. 상체는 비교적 정지되어 있어야 한다. 만약 가슴의 움직임을 느끼고 머리, 어깨가 위로 움직이면, 1단계부터 다시 시작해서 배 아래가 움직이도록 연습하라.

처음 몇 번은 이상하고 어렵게 느껴질 것이다. 짧고 가쁜 숨을 쉬는 것이 불안증과 싸우는 사람들에게는 오랜 습관 같은 것이기 때문이다. 이제 그 습관을 버려야 한다. 끈질기고 인내심 있는 연습이 필요하다. 호흡법은 습관이다. 습관을 들이는 가장 좋은 방법은 새로운 습관을 수없이 반복하는 길뿐이다.

어린 시절에는 다들 이런 식으로 호흡했다. 세계 최상급 복식 호흡가를 만나보고 싶다면 산부인과 병동을 방문해 갓난아기들을 보면 된다. 갓난아기는 전혀 가슴으로 호흡하지 않는다. 그저 배로 숨을 쉬는데, 들이쉴 때 팽창하고 내쉴 때 수축한다.

복식호흡 훈련을 위한 조언

- 흉부호흡에서 복식호흡으로 바꾸는 데 어려움이 있다면, 먼저 복부 근육을 따로 움직이는 연습을 한다. 손가락을 깍지 끼워 배 위에 얹고 숨 쉬지 않은 채로 배를 내밀고 들이미는 연습을 계속해본다. 그것에 익숙해지면 이제는 숨을 쉬면서 그렇게 해본다.

- 다양한 자세를 취한다. 앉아 있을 때는 의자 깊숙이 기대거나 무릎 위에 팔을 얹고 앞으로 구부리는 것이 그냥 꼿꼿이 앉아 있는 것보다 조금 더 쉽다.

- 등을 대고 눕는다. 복부 근육을 더 쉽게 사용하기 위해 가슴 위에 무거운 책을 올려놓을 수 있다.

- 배 밑에 베개를 깔고 앞으로 엎드린다. 그리고 베개를 향해 복부에 압박을 가한다.

- 전신이 보이는 거울 앞에서 연습하면 좋다.

- 알레르기나 다른 이유로 코로 숨 쉬는 것이 불편하면 입을 사용한다. 이때 벌컥 숨을 들이키지 않도록 더욱 더 천천히 숨을 들이마셔야 한다.

좀 더 편하고 느긋하게 숨 쉬고 있다고 느끼면, 복식호흡법을 터득한 것이다.

습관 기르기

얼마나 자주 심호흡을 연습해야 하나? 2주 동안 한 번에 약 1분 씩 해서 가능한 한 자주 하는 것이 좋다.

연습 시에 가장 먼저 해야 할 것은 당신이 어떤 방식으로 호흡하고 있는지 아는 것이다. 그리고 나서 연습을 시작하기 전에 하고 있던 것을 계속하듯이, 큰 숨을 쉬고 복식호흡으로 전환한다. 연습을 하는 동안 움직임을 중단하지 않는다.

훈련 방법을 상기시켜 주는 체계적 도움이 있으면 아마 최상일 것이다. 다음을 참고하라.

- 깨어 있는 동안 한 시간 간격으로 매 정시에 심호흡을 할 것.
- 일상생활에서 발생하는 소리나 상황을 심호흡 연습 신호로 사용할 것. 예를 들어 다음과 같은 경우에 심호흡을 할 수 있다: 개가 짖을 때, 자동차 경적이 울릴 때, 전화벨이 울릴 때, 누군가 사무실을 지나갈 때, 아이가 플라스틱 컵을 떨어뜨릴 때, 문자 메시지를 받을 때.
- 집, 사무실 등 모든 곳에 심호흡을 상기시키는 스티커나 메모지를 붙여놓을 것.
- 반대 손목에 시계를 차고, 그것을 인지할 때마다 연습할 것.

- 아이팟, 손목시계, 전화가 정기적으로 울리게 세팅할 것.

이것을 2주 동안 실천해보라. 그러면 호흡 방식에 큰 변화가 있을 것이다.

얼마가 충분한가?

항상 이런 방식으로 호흡을 해야 하는 걸까? 아니다. 규칙적이고 짧은 연습을 통해 기법을 완전하게 익히는 데 집중한다. 이 연습을 걱정에 대한 자동적 반응 목록에 추가한다. 걱정과의 약속과 마음챙김 명상을 매일 실천하고, 복식호흡은 당신이 필요하다고 느낄 때 사용한다. 필요하다고 느낄 때마다 복식호흡을 연습한다. 시간이 지나면서 복식호흡이 습관이 될 것이다.

어떤 심리학자들과 건강관리 전문가들은 나 같은 사람이 복식호흡을 가르쳐서는 안 된다고 믿는다. 그렇게 되면 사람들이 호흡법을 특효약이자 구세주로 여기고 여타 걱정 관리 방법과 같은 방식으로 사용할 것이라고 말한다. 일리 있는 지적이다.

그럼에도 나는 걱정으로 고생하는 내담자들에게 이 방법을 알려준다. 나쁜 호흡법이 걱정으로 인한 육체적 증상을 더 악화시키기 때문이다. 그로 인해 걱정이 더 많아지고 걱정 관리 능력이 떨어신다. 그렇지만 다음 사항을 염두에 두라. 복식호흡은 걱정의 악순환에 갇혔을 때 도움이 된다. 그러나 복식호흡이 의학적 치료법은 아니다.

마음챙김 명상으로
생각 관찰하기

명상에 익숙지 않은 사람들은 흔히 명상을 마음이 조용하고 내면의 고요함을 방해하는 생각이 없는 상태라고 생각한다. 그래서 명상을 시도할 때 내면의 고요와 안정을 얻지 못하면 실망한다.

이것은 우리 같은 범부들에게는 명상의 본질이 아니다. 깊은 명상에 들어가는 스님들이나 내적 평화와 고요를 상당 시간 동안 유지할 수 있을까. 보통 사람들에게 명상이란 내적 평화를 위해 집중하고 있을 때 떠오르는 모든 생각을 감지하고 수동적으로 관찰하는 것이다.

여기서는 마음챙김 명상(mindfulness mediation)을 간단히 소개하고자 한다. 이 명상은 숨쉬기나 어떤 대상에 집중하는 동안에 왔다 가는 생각을 수동적으로 관찰하는 과정이다. 올라오는 생각과 토론을 하는 것도 아니고, 침묵시켜 없애려고 하는 것도 아니다. 그저 생각을 관찰하는 것이다.

나는 몇 년 전 명상 워크숍에 참가한 적이 있다. 우리가 워크숍을 진행하는 동안 바로 옆방에서 다른 워크숍이 진행되고 있었는데, 옆방에서는 발표자가 우렁찬 목소리로 워크숍을 이끌어가고 있었다. 명상법을 배우는 동안에 나는 옆방 발표자가 말하는 소리를 모두 들을 수 있었다. 나는 내 호흡에 집중하려 했지만, 방 배정을 이렇게 한 주최 측이 원망스러워 집중이 되지 않았다. 이런 와중에 명상을 진행하다니, 하는 생각에 더욱 짜증이 치밀어 올랐다. 눈을 감고 조용히 몰두하려고 했지만, 내면에서 여러 생각이 미친 듯이 몰아치고 있었다. 워크숍, 회의, 주관자, 시설 등을 철저히 비판한 후에 나 자신을 비판하기 시작했다. '느긋하게 앉아 있지 못하는 너는 도대체 뭐냐?' 잠시 후 '이게 바로 있는 그대로의 나야'라는 생각이 뇌리를 스쳤다. 비로소 나는 일어났다가 사라지고 또 일어났다가 사라지는 여러 생각을 즐기게 되었다. 이 단순한 생각으로 인해 나는 내 한계를 인식하고 수용할 수 있었다. 그리고 나는 내 생각들을 관찰하는 과제로 돌아갈 수 있었다. 이것이 바로 명상이다.

여기서는 만성적 걱정과의 관계를 변화시키는 데 도움이 되는 마음챙김 명상법을 소개하려고 한다.

지금 열차 안에 있는가? 아니면 의사를 만나려고 대기실에 앉아 있는가? 지금 골치가 아픈가? 너무 뒤숭숭하고 피곤한가? 화가 나는가? 이 모두가 훌륭한 생각이다. 당신은 그런 생각을 가질 수 있다. 그리고 훈련할 수 있다. 더 나아가고 싶으면 '예, 그러나'가 아니라 '예, 그리고'를 실천하라.

명상 연습 지침을 소개한다.

1. 방해받지 않는 곳에서 5~10분 동안 조용하고 편안히 앉아 있는다.

2. 1~2분간 느긋한 상태로 있다가 몸을 반듯이 하고 자신의 생

각과 감각에 주의를 돌린다. 원하면 눈을 감는 것도 도움이 된다.

3. 호흡에 가볍게 주의를 집중한다. 숨을 들이쉬고 내쉬는 것에 주목한다. 코, 목구멍, 폐를 통해 공기가 지나갈 때 공기의 흐름을 의식해본다. 배가 부풀고 수축할 때 그 감각을 느껴본다. 주위 광경과 소리에서 주의를 돌려서 감각에 더욱 더 집중한다. 호흡에 집중하고 싶지 않으면, 환풍기 소리 등 기타 다른 것에 집중한다.

4. 이제 당신은 짧은 고요의 순간을 경험할지도 모른다. 그러면 가볍게 그 경험에 집중할 수 있을 것이다. 조만간에 저절로 떠오르는 생각으로 내면의 고요함이 방해를 받을 것이다. 떠오르는 생각을 판단하려 하지 말고 그냥 있는 그대로 감지하라. 생각 때문에 집중이 흐트러지면, 천천히 순순하게 주의를 다시 집중하라. 보통 사람들에게 명상은 내적 고요를 얻는 것이 아니다. 내적 고요를 추구할 때 당신 마음에 다가오는, 집중을 방해하는 생각을 감지하는 것이다.

5. 집중을 방해하는 생각은 요란하게 주의를 끌려 할 것이다. 생각이 주의를 끌기 위해 어떤 형태를 취하는지 인식하라. 생각은 걱정뿐 아니라 판단, 비판, 분노, 후회 등 여러 형태를 취할 수 있다.

6. 차 유리창에 떨어지는 빗방울이나 눈송이를 감지하는 방식으로 생각을 감지하라. 와이퍼가 쓸어낸 유리창 위로 빗방울과

눈송이가 다시 떨어질 때까지 잠깐 동안 주의를 집중하라. 눈이 많이 내리는지 알아보려고 눈 한 송이마다 일일이 주목할 필요는 없다. 마찬가지로 당신 생각 속에 걱정, 판단, 비판이 많이 있다는 것을 알기 위해 생각 하나 하나에 일일이 신경 쓸 필요는 없다. 그저 그것들이 왔다 가는 것을 감지하라.

자, 이제 당신은 막 명상을 했다.

더 고요하게 느껴지지 않는다고? 그래도 괜찮다. 시간을 가지고 반복하다 보면 조금씩 변화가 생길 것이다.

고요함을 느끼고자 노력하는데도 생각이 자꾸 떠올라 속상한가? 그래도 괜찮다. 항상 다음을 명심하라. 명상은 여러 생각이 떠오를 때 그것을 수동적으로 관찰하는 것이다. 속상해하거나 저항하고 싶은 충동을 느낄 때, 그 느낌도 같이 감지하라.

아무것도 하지 않은 것처럼 느껴진다고? 그것도 괜찮다. 앞에서 제시한 방법은 그저 고요히 집중할 때 경험하게 되는 상태를 간단히 소개한 것일 뿐이다. 중요한 메시지나 경고가 아니라 단순히 생각을 생각으로 관찰하는 것이다. 저절로 떠오른 생각에 대해 강하게 반응하는 습관을 갖고 있었다면, 아무것도 하지 않은 것처럼 느껴질 것이다.

명상 연습을 하는 도중에 졸았다고? 글쎄, 그것은 문제다. 자면서 명상을 할 수는 없다. 누워서 명상 연습을 하지 않으면 좋겠다.

앞에서 소개한 과정을 규칙적으로 해보면 어떨까. 하루에 한 번

5~10분간 명상 연습을 하면서 단계를 쭉 거쳐보라. 그러면 연습을 얼마나 잘했는지 여러 생각이 들 것이고, 연습을 하면서 그런 생각을 감지할 수 있을 것이다. 어느 정도 익숙해지면 연습 시간을 10~20분으로 늘려라.

명상을 꾸준히 하면 자신의 생각을 냉정하게 관찰할 수 있다. 시간이 지나면서 생각의 내용에 휘말리지 않고 생각을 관찰할 수 있는 능력을 향상시킬 수 있다.

만성적 걱정으로 고생하는 사람들은 때때로 명상을 시도하는 것 자체를 주저한다. 명상을 할 때 불쾌한 생각을 더 많이 하게 되고, 또 그것들과 더 많이 싸워야 한다고 생각하기 때문이다. 하지만 내 경험에 의하면, 대체로 그 반대 경우가 많다. 사람들은 보통 명상을 함으로써 어떤 생각이 떠오르든 간에 더 참을성 있고 더 수용적으로 된다. 그것이 '반대의 규칙'이다!

11장

도대체 내 속에
뭐가 있길래

만성적 걱정은 기생충과 같다. 걱정을 늘려가면서 점점 더 주인(당신)의 시간과 에너지를 빼앗는다. 기생충은 주인이 꿈과 희망을 추구하며 행복하게 사는 것을 방해한다.

이 장에서는 그 과정을 살펴보고 그로부터 벗어나는 방법을 제안할 것이다.

먼저 기생충인 납작벌레 이야기를 하고 싶다. 별로 재미가 없을지도 모르겠다. 그렇지만 이 이야기를 읽고 나면 걱정 게임이 어떻게 진행되는지 더 잘 이해할 것이다.

만성적 걱정과 기생충의
공통점

납작벌레는 호박달팽이 안에 기생하는 기생충이다. 그놈은 생애의 대부분을 달팽이 안에서 보내지만, 알은 새의 뱃속에서만 낳는다. 거기서 새가 먹은 음식을 먹고 알 낳기에 좋은 상태를 확보한다. 새의 뱃속에서 자식들을 낳고 새의 배설물을 통해 땅으로 자식들을 돌려보낸다.

바위와 나뭇잎과 땅위를 기어 다니는 달팽이 안에서 생애의 많은 시간을 보내는 그 기생충은 어떻게 새의 뱃속으로 들어갈까.

호박달팽이는 새의 배설물 먹기를 좋아한다. 배설물에 들어 있던 기생충 알이 달팽이 속으로 들어가 그 안에서 부화하는 것이다.

납작벌레가 하는 첫 번째 일은 달팽이의 뇌를 찾는 것이다. 뇌를 찾으면 거기로 호르몬 또는 신경전달물질을 가져온다. 납작벌레가 달팽이의 뇌에 화학물질을 갖고 오면 달팽이는 그 전과 다르게 행동한다. 달팽이는 더 이상 '달팽이의 속도'로 움직이지 않고 훨씬 더 빠르게 움직인다. 달팽이 자신이 아니리 기생충을 위해 활동하기 시작한다. 달팽이는 더 이상 짝짓기를 위해 다른 달팽이를 찾지 않으며 오로지 먹이를 위해 빠르게 움직이는 데만 집중한다.

그뿐만이 아니다. 기생충의 영향을 받아 달팽이는 삶에 대해 완전히 새로운 관점을 갖게 된다. 달팽이는 피부 색깔을 바꾸는 능력을 가지고 있다. 정상적이라면 달팽이는 흐릿하고 단조로운 색깔, 갈색을 선호한다. 육식동물의 눈에 잘 띄지 않기 때문이다. 그러나 이제 달팽이는 마음속으로 '생각'한다. 나는 언제나 색깔 있는 눈자루를 갖고 싶었어. 달팽이의 눈자루는 밝은 색깔로 피어난다. 그리고 납작벌레는 달팽이의 눈자루를 향해 움직인다. 정상적이라면 달팽이는 눈자루를 쏙 들어가게 원 위치시킬 수 있다. 그러나 납작벌레가 눈자루를 충혈시켜 뚱뚱해졌기 때문에 원상 복귀될 수 없다. 납작벌레가 밝은 색깔의 눈자루에서 팔짝팔짝 뛰어 눈자루는 마치 움직이는 애벌레처럼 보인다. (비디오를 보고 싶다면 인터넷에서 Leucochloridium paradoxum을 찾아보라.)

납작벌레에게 오랫동안 영향을 받은 탓에 이제 달팽이는 자신이 언제나 일광욕을 하고 싶어 했다고 생각한다. 달팽이는 지금까지는 그늘진 곳을 좋아했지만, 이제 나무 꼭대기로 올라가 밝은 색깔의 애벌레 닮은 눈자루를 자랑하며 햇볕을 쬔다.

기생충은 새의 뱃속에 있다. 새는 일반적으로 달팽이를 먹지 않는다. 그러나 애벌레같이 보이는 달팽이 눈자루에 매혹돼 눈자루를 잡아 뜯는다. 그러면 달팽이는 새로운 눈자루를 키워야 하는 신세가 된다. 이 과정은 달팽이의 남은 일생 동안 계속된다. 이렇게 해서 달팽이는 좀비 달팽이가 되고 더 많은 기생충의 숙주가 되는 것이다.

기생충은 문자 그대로 달팽이의 '자기 관리 과제'를 탈취했다. 달팽이는 이제 자신의 목적과 이익에 부합하기보다는 기생하고 있는 납작벌레의 목적과 이익에 부합하는 방향으로 행동하게 된다.

그것이 만성적 걱정이 하는 일이다. 만성적 걱정은 문자 그대로 당신의 자기 관리 과제를 탈취한다. 당신은 이제 당신의 꿈과 희망과 연망을 위해 살지 못하고 만성적 걱정을 유지하고 보수하느라 힘을 쓴다. 걱정은 그렇게 음흉하다. 당신은 일, 관계, 재미, 지성 등 당신의 삶을 가치 있게 만드는 삶을 살지 못하고 걱정하느라 진을 뺀다.

걱정은 어떻게 당신의
삶을 빼앗아 가는가

어떻게 이런 일이 일어날까? 어떻게 이 고리를 끊고 자신의 삶을 온전하게 사는 데 시간과 에너지를 쏟아 부을 수 있을까?

걱정 자체뿐 아니라 걱정에 대처하느라 얼마나 많은 시간과 에너지를 쏟아 부었는지 상기해보면, 걱정이 당신의 인생 과제를 어떻게 탈취해왔는지 알 수 있을 것이다. 걱정을 달고 살지 않았다면 부모로서, 배우자로서, 친구로서, 이웃으로서, 고용인으로서 더 많은 역할을 했을 것이다. 지금보다 훨씬 편안하게 당신의 열정과 야망을 추구하며 살았을 것이다.

당신은 걱정이 발목을 잡고 있는 와중에도 열심히 살았다. 공개 연설을 하는 것이 불안하지만 학부모회의에서 발언을 했다. 길을 잃거나 어울리지 못하는 데 대한 두려움이 있었지만 낯선 곳으로 휴가를 갔다. 잘하는 짓인지 의심이 들었지만 집을 팔고 다른 곳으로 이사를 갔다. 나쁜 결과가 나올까 불안했지만 건강검진도 받았다. 직장을 바꾸는 적절한 때인지 확신이 서지 않았고 인터뷰하기도 불안했지만 이직하기 위해 인터뷰에 응했다. 당신은 정말 힘겹게 걱정과 싸우면서 살아왔다.

걱정이 바꿔놓은
당신의 생각과 행동 방식

만성적 걱정은 마음의 평화만 교란시키는 게 아니다. 만성적 걱정은 기생 납작벌레가 달팽이의 행동을 바꿔놓듯이 당신의 생각과 행동을 체계적으로 바꿔놓는다. 이런 변화는 당신이 추구하는 가치와 열망을 실현하는 데 방해가 된다. 그것은 달팽이가 자신의 이해관계가 아니라 기생충의 이해관계를 따르는 과정과 같다.

만성적 걱정은 많은 시간과 주의력, 에너지를 걱정에 쓰도록 만든다. 당신은 점점 더 많은 시간을 머릿속으로 생각하는 데 보내게 된다. 그리하여 외부 세계와 생활 속으로 들어가 좋은 부모, 좋은 친구, 좋은 고용인, 좋은 이웃이 되려고 노력하지 못하고 걱정과 투쟁하느라 법석을 떨게 된다.

걱정에 힘을 실어주는
잘못된 신념들

만성적 걱정은 어떻게 당신의 인생 과제를 탈취하는가? 달팽이는 기생충의 알을 삼키면서 기생충에 탈취당하기 시작한다. 당신이 걱정에 관해 특정한 유형의 믿음을 갖고 발전시킬 때 당신은 걱정에 탈취당하기 시작한다. 당신은 아마도 아주 어린 시절까지 거슬러 올라가 걱정에 관한 어떤 믿음을 키웠을 것이다. 사람들이 거의 주목하지 않는 믿음이지만, 당신이 생각하고 행동하는 데 강한 영향을 미친다.

우리는 걱정이 가치가 있다는 신념을 갖고 있다. 이것이 걱정의 역설이다. 걱정이 쓸데없는 짓이란 것은 모든 사람이 알고 있는 것 아닌가? 한편으로 만성적 걱정이 소중한 시간과 에너지를 갉아먹는다는 것을 알고 있기 때문에 걱정과 싸워 이기기를 원하는 것 아닌가? 그렇지만 실제로는 그렇게 간단하지가 않다. 당신이 걱정에 어떻게 반응하는지 자세히 살펴본다면, 당신이 아무리 걱정이 무의미하다고 말하고 생각하더라도, 실제로는 마치 걱정이 그 자체로 중요한 가치가 있는 것처럼 행동한다는 증거를 찾을 수 있다.

사람들은 이런 신념에 관해 다른 사람들과 자주 얘기하지 않고 또 생각하지도 않는다. 대부분의 사람들은 다른 사람들에게 걱정을 추천하지 않는다. 다음에 나오는 신념은 얼핏 보기에 당신과 아무 상관이 없어 보일 것이다. 과연 그럴까? 하나하나 주의 깊게 살펴보자.

최악을 예상하는 게 좋다

나는 이 생각에 동의하는 많은 사람들과 이야기를 나눴다. 그들은 만약 최악을 기대하면 정작 나쁜 일이 벌어졌을 때 놀라거나 압도당하지 않을 것이라고 믿는 것 같다. 그들에게 걱정은 미래에 일어날지도 모르는 나쁜 일에 대한 일종의 예행연습 같은 것이다. 그들은 최악의 장면과 그에 대한 자신의 대사와 반응을 예행연습하고 학습하면서 두려움을 느낀다. 그러면서 이 연습이 언젠가 정말로 나쁜 일이 생겼을 때 자신을 감정적으로 보호해줄 것이라고 생각한다. 마치 걱정이 미래에 느낄 좌절에 대한 백신이라도 되는 양 여긴다.

이러한 신념을 갖고 있는 사람들은 낙관적으로 느끼려 하지 않는다. 그들은 자신이 낙관적으로 느끼면 우주나 신이 나쁜 것을 가져다주어 '공평하게 만들 것'이라고 생각해서 낙관주의에 회의적이다.

반면에 그들은 자신이 비관적으로 느낄 때 신 또는 우주가 좋은 것을 가져다줄 것이라고 믿는다. 나쁜 사태에 대한 일종의 예방책으로서 '최악을 기대하는' 것이다.

스스로에게 다음과 같은 질문을 해보자.

낙관적인 예측을 하거나 낙관적인 생각을 하고 나서 불안을 느낀 적이 있는가?

미리 충분히 걱정했기 때문에 부모의 죽음이나 실직 같은 어려운 일을 별로 괴로워하지 않고 감당한 경험이 있는가?

예기치 못한 어려운 일을 경험한 적이 있는가? 제대로 걱정할 준비가 안 돼 있음에도 불구하고 감정적 괴로움이 견딜 만했는가?

일어나지 않은 일에 대하여 크게 걱정해본 적이 있는가?
('아직 그 일은 일어나지 않았어'라고만 생각했는가?) 당신이 걱정하는 일 중 몇 퍼센트나 실제로 일어났는가?

이번에는 낙관적인 생각이 당신을 불안하게 만드는지 살펴보자.

내 아이들은 이번 주 내내 어떤 문제도 없이 행복하고 건강할 거야.
나는 건강 상태가 아주 좋아 어떤 병에도 걸리지 않을 거야.
내 친구와 친척들은 모두 이번 주 아무 문제도 없이 안전할 거야.

이 생각을 마음속에 몇 분 동안 담아두고 어떤 기분이 드는지 느껴보라. 이런 생각이 당신을 조금 불편하게 만든다면, 최악을 예상하는 것이 도움이 된다고 믿는 경향이 있기 때문이다.

걱정하면 미래가 달라진다
이런 신념을 갖고 있으면 걱정한다는 단순한 행위가 미래를 바꿀 수 있고, 나쁜 일이 일어나지 않도록 해줄지 모른다고 행동하게 된다. 여기서 나는 이 생각이 사람의 행동에 영향을 미치고, 그 행동으로 미래가 달라진다고 말하는 것은 아니다. 나는 그저 사람들이 걱정을 미래에 영향을 미칠 수 있는 무엇으로 취급한다고 얘기하는 것이다.

이러한 신념으로 인해 걱정은 양날의 칼처럼 보인다. 한편으로, 당신이 '옳은' 것에 대하여 걱정하면, 걱정은 나쁜 일이 일어나는 것을 막을 것이다. 반면에, 당신이 올바르게 걱정하지 않으면, 그 때문에 나쁜 일이 발생할 것이다. 그러면 어느 것이 걱정해야 할 일인지 어떻게 확신할 수 있을까? 이런 발상은 분명히 걱정을 중요하게 보이도록 만든다.

이러한 발상이 진실이라면 우리는 국방비로 수 조 원을 쓸 필요가 없다. 그저 민간인들이 전쟁을 걱정하도록 하기만 하면 될 것이다. 군인이 아니라 걱정꾼을 모집하면 된다. 그러나 그렇게 되면, 우리가 전쟁을 막고 있는 것인지 아니면 전쟁을 조장하고 있는지 걱정해야 할 것이다.

많은 사람들은 이 과학의 시대에 때로 불합리한 생각을 믿는다. 그들은 자신이 걱정을 덜하고 있다는 것을 알아채고는 불안해한다. 마치 낼 돈을 내지 않고 있는 것과 같아서, 빨리 돈을 보내야 한다고 생각하는 꼴이다.

이제 자신에게 질문을 해보자.

크게 걱정하고 있던 문제에 대하여 실제로 그다지 걱정하지 않았다는 것을 알아챈 적이 있는가?

그 때문에 조금 더 불안했는가?

마치 해야 할 일을 하지 않은 것처럼 조금 무책임하다고 느꼈나?

그에 대하여 다시 걱정해야 한다고 생각을 했나? 실제로 다시 걱정을 했나?

내가 걱정하지 않은 나쁜 일이 일어나면 죄책감을 느낄 것이다

이 신념은 걱정을 의무 또는 유익한 행위로 여기도록 만든다. 당신이 의무를 다하지 않아서 나쁜 일이 생겼다면, 당신 잘못이다.

당신이 '하기로' 한 일(식물에 물 주기)이 있는데 그 일을 하지 않았다면(그래서 식물이 죽는다면), 당신 잘못이다. 그러나 걱정하는 것과 실행하는 것에는 큰 차이가 있다.

다시 자신에게 질문해보자.

이 생각 때문에 걱정을 한 적이 있나?

실제로 일어난 일에 대해 걱정을 하지 않은 데 대해 죄책감을 느낀 적이 있나?

그 일로 피해를 입은 사람에게 사과를 했나? 보상은 해주었나? 스스로를 용서할 수 있었나?

걱정은 배려하는 것이다

이것은 놀랍게도 널리 퍼진 신념이다. 이를 통해 우리가 얼마나 자주 생각과 행동 사이의 중요한 차이를 인식하지 못하는지 알 수 있다.

부모들은 자식을 배려하는 부모가 되고자 한다. 가족과 친구들에게 배려하는 부모로 보이고 싶어 한다. 부모가 자식을 얼마나 배려하는지 보여주는 최고 방법은 배려하는 행동을 하는 것이다. 부모는 자식의 신체적 정서적인 욕구를 충족시키려고 노력한다. 부모는 아이를 도와주는 것과 독립심을 키우는 것 사이에서 균형을 잡으려고 노력한다. 부모는 자식의 성장 단계에 맞게 의사소통하려고 부단히 애를 쓴다.

배려한다는 것은 어떤 행위를 하는 것이다. 그러나 우리는 걱정하는 것에 긍정적인 의미를 부여하려는 경향이 있다. 사람들은 흔히 걱정하는 마음이 배려라고 생각한다.

자신에게 질문해보자.

만약 어떤 이웃이 자기 자식들 걱정을 전혀 하지 않는다는 얘기를 들으면, 당신은 그것이 좋다고 생각하는가 아니면 나쁘다고 생각하는가?

자신이 자식들 걱정을 전혀 하지 않는 사람으로 알려지기를 바라는가?

당신에게 중요한 사람이 "나는 당신이 나에 대해 전혀 걱정하지 않는다고 생각해"라고 얘기하면, 당신은 그것을 불평으로 받아들이나 아니면 칭찬으로 받아들이는가?

생각은 항상 중요하다

생각이 중요하다고 여기는 것, 특히 자신의 생각이 특별히 현명하고 중요하다고 여기는 것은 인간의 중대한 약점이다. 그것은 일종의 허영이다. 생각은 뇌가 만들어낸다. 생각을 평가하고 싶다면 생각이 처음 만들어지는 신체 기관으로 거슬러가야만 한다. 우리는 살면서 너무나 자주 생각이 실제보다 더 중요하다고 여긴다.

머릿속에 박힌 노래 가사처럼, 당신은 어떤 생각이 별로 중요하지 않음에도 불구하고 마음속에 각인돼 있다는 것을 인식한 적이 있을 것이다.

누군가와 껄끄러운 대화를 나눌 것이라고 예상될 때, 머릿속에서 무수한 생각이 작동할 것이다.

그런 생각은 얼마나 정확한가? 대화가 당신이 예상한 대로 진행되는가?

나는 내 생각에 책임이 있다

당신이 하고 싶은 생각만 하고, 하고 싶지 않은 생각은 하지 않을 수 있다면, 이 신념은 타당할 것이다. 당신이 마인드 컨트롤 능력을 갖고 있고, 당신이 어떤 생각을 하는 것만으로 다른 사람들에게 영향을 끼친다면, 이 신념은 타당할 것이다.

당신은 어떤 생각을 하는 것만으로 주위 사람들에게 영향을 미치는가?

당신은 자신의 생각을 통제할 수 있는가?

당신이 다른 사람과 자신의 생각을 나누지 않는다면 당신 생각은 그 사람에게 어떤 영향도 미치지 않는다. 명백하지 않은가. 그리고 생각을 함께 나누려 할 경우에도, 상대에게 어떤 영향을 미칠지는 예측할 수 없다.

또 당신은 퍼즐이나 세금 문제에 대하여 의식적으로 생각할 수 있지만, 원하지 않는 생각이 저절로 떠오를 때도 많다.

지금까지 생각에 대한 우리의 몇 가지 신념을 살펴봤다. 당신은 자신의 생각에 대하여 어떤 신념을 갖고 있는가?

당신이 갖고 있는 신념의 목록을 만들어보라. 이로써 당신이 그 신념과 어떤 관련을 맺고 싶어 하는지를 알 수 있다. 당신은 그 신념에 따라 계속 행동하기를 원하는가? 당신은 그 신념을 갖고 놀고 싶은가? 그 신념에 대해 '반대의 규칙'으로 반응한다면 어떤 반응이 나올까?

12장

"걱정 많은 사람으로
보이고 싶지 않아요"

당신이 만성적 걱정과 씨름할 때, 친구나 사랑하는 사람들이 당신을 이해해주지 못한다고 생각해 좌절감을 느낀 적이 있을 것이다. 그들은 "너무 걱정하지 마라"라고 쉽게 말하거나, 심지어 당신 잘못이라고까지 넌지시 암시한다. 어떤 때는 당신을 진정시키기 위하여 당신이 듣고 싶어 한다고 생각되는 말을 하고, 또 어떤 때는 당신 얘기를 아예 듣고 싶어 하지도 않는다. 어쩌면 그들은 어떻게 당신에게 도움을 줄 수 있을지 혼란스러울 것이다. 이 장에서는 걱정과의 관계를 변화시키는 데 필요한 도움과 지원을 얻는 방법을 제시한다.

비밀로 해두고 싶은
복잡한 심리

당신이 만성적 걱정으로 힘들어하고 있다는 것을 누가 알고 있는가? 아마도 여러 가지 이유로 여러 사람에게 얘기하지는 않았을 것이다. 당신이 걱정쟁이라는 것을 사람들이 알게 되면 더 이상 당신을 존경하지 않을까 봐 두려울 것이다. 어쩌면 다른 사람들에게 걱정을 끼치고 싶지 않을 수도 있다. 걱정에 대하여 얘기하고 인정함으로써 문제를 더 악화시키고 더 큰 문제로 만들까 봐 두려워할지도 모른다. 아니면 다른 사람들이 알게 돼 계속 괜찮으냐고 물어봄으로써 걱정을 다시 불러일으킬까 봐 두려워할 수도 있다.

이 문제에 대해서는 나중에 다시 논의할 것이다. 우선 먼저 비밀 욕구(urge for secret)에 관심을 가져주길 바란다. 걱정 또는 불안과 싸우는 대부분의 사람들은 그것을 비밀로 하려는 경향이 있다. 걱정을 비밀로 하려고 한다는 것은 이 문제에 대하여 무엇을 말해주는가? 우리는 어떤 종류의 문제를 비밀로 하고 싶어 할까?

이제부터 걱정을 비밀로 간직한 사람의 얘기를 들려주려 한다. 앨런(가명)은 비위생적인 물질로 인한 오염에 대해 걱정이 많다. 자신이 오염된다거나 부주의하게 오염을 일으킬까 걱정하는 것이 아니라 다른 사람들이 오염 위험에 노출될 때 자신이 거기 있게 될까 봐 걱정이었다. 거기 있으면서도 오염을 알아채지 못하거나, 알아챘는데도 다른 사람들을 보호하지 못하면 어쩌나 하는 걱정이었다. 한마디로 오염으로 피해를 입은 사람들을 보호하지 못했다는 죄책감을 갖게 될까 봐 두려워했다.

앨런 자신도 이 걱정이 억지스럽게 보였다. 하지만 그는 늘 그 문제가 걱정이었다. 어느 저녁 파티에서 그는 음료수 그릇 가까이에 오염된 스티로폼 컵이 있다는 것을 알아챘다. 그는 음료수 그릇이 놓여 있는 테이블 앞에 서서는 아무도 모르게 오염된 컵을 들어냈다. 테이블을 등지고 서서 뒤로 손을 뻗어 컵을 하나씩 세면서 오염되었다고 의심한 컵을 골라 들어냈다. 그리고 남몰래 컵을 손으로 부수어서 주머니에 넣은 뒤 나중에 안전한 곳에 내다 버렸다고 한다.

앨런이 내게 이 얘기를 해주었을 때, 나는 왜 사람들에게 오염된 컵에 대해 얘기하고 그 앞에서 컵을 없애버리지 않았는지 물어보았다.

앨런은 웃더니 다음과 같이 말했다. "내가 그렇게 했으면 정말 당황스러운 일이 벌어졌을지도 몰라요. 그 컵은 아무 문제가 없었을지도 모르니까요." 이 말이 만성 걱정의 핵심이다. 만성 걱정에는 보통 무언가 우스운 것이 있고, 그 무엇은 대낮에는 드러나지 않는다. 그것이 걱정을 비밀로 하려는 까닭이다.

당신도 이런 경험이 있는가? 당신이 걱정하는 내용 중에 뭔가 이치에 닿지 않는 이상한 부분이 있어서 걱정을 비밀로 하려고 하는가? 그렇다면 당신이 하는 걱정이 어딘가 우스운 데가 있는 것이다.

혹은 단순히 불안해서 걱정을 숨기고 싶어 할 수도 있다. 실제로 어떤 문제가 있어서가 아니라 그저 걱정스럽고 불안하기 때문에 숨기고 싶은 것이다.

자신의 불안 상태를 인지하는 것은 도움이 된다. 자신의 불안한 감정을 인지하면 다음 3단계를 상기하게 될 것이다.

인정하고 수용하라.

논쟁삼촌을 어르듯이 걱정스러운 생각에 맞장구쳐라.

활동하라. '바깥세상'에서 중요한 일들을 다시 시작하라. (필요하다면 걱정을 갖고 나가라.)

비밀 유지의 부작용

사람들이 걱정을 비밀로 하는 주된 이유는 자신이 많이 걱정한다는 사실을 부끄럽게 느끼기 때문이다. 다른 사람들이 자신의 그런 면을 알게 되면 수치스럽고 쑥스러울까 봐 걱정을 비밀로 하려는 것이다. 그러자면 자신이 걱정하고 있다는 것이 우연히 드러날까 봐 염려하게 된다. 따라서 걱정을 비밀로 하면 장기적으로 편안하기는 힘들다.

텔레비전에서 의약품 광고를 보면 의약품의 부작용에 대해서도 알게 된다. 텔레비전 화면 아래에 작은 글자로 의약품의 부작용을 나열한 긴 리스트가 나온다. 어떤 때는 부작용이 치료하려는 증상 보다 더 나쁘게 보이기도 한다. 약의 효과가 부작용 문제보다 더 큰지 아닌지를 결정하는 것은 소비자에게 달려 있다.

걱정 문제를 숨기는 데도 부작용이 있다. 걱정을 비밀로 하는 것과 털어놓는 것 중 어느 것이 당신에게 도움이 되는 전략인지를 평가할 때는 부작용을 고려하는 것이 좋다. 몇 가지 부작용을 들어본다.

최악을 상상하기. 당신의 걱정을 매우 가까운 사람들한테도 숨기면 피드백을 받을 기회를 잃게 된다. 당신의 걱정이 다른 사람들에게 무엇을 의미하는지, 그리고 그들이 당신의 어려움을 어떻게 볼 것인지 혼자서만 짐작하게 된다. 걱정은 언제나 부정적 측면을 강조하고 또 위험을 과장하기 때문에, 걱정 문제에 대한 사람들의 반응을 짐작할 때도 과장되고 부풀려질 것이다. 당신의 짐작은 실제 다른 사람들이 보일 반응보다 훨씬 더 나쁠 확률이 아주 높다. 그래서 당신은 항상 최악을 상상하게 된다.

사기꾼같이 느끼기. 나는 만성적 걱정으로 고생하는 많은 사람들을 오랫동안 상담해왔는데, 대다수가 자기 분야에서 꽤나 성공적이고 평판도 좋은 사람들이었다. 그러나 그들은 자신의 성공에 대하여 좋게 생각하지 않았다. 그들은 '사람들이 내가 얼마나 걱정을 많이 하는지 알면 나에 대해 별로 높이 평가하지 않을 것'이라는 생각에 사로잡혀 있었다. 그들은 문자 그대로 자신이 사기꾼이라고 생각했다. 걱정 문제를 비밀로 간직한 탓에 생긴 부작용이었다.

커가는 걱정. 간직해야 할 비밀이 있으면 자연적으로 걱정이 커진다. 우연히 비밀이 드러날까 봐 자주 염려하기 때문이다.

사회적 고립. 만성적 걱정은 자연히 사회적 교류를 방해한다. 사람들과 소통하기보다는 '머릿속에서' 자신의 생각과 다투는 데 시간을 더 소비하기 때문이다. 사람들은 너무 걱정이 많아서 마음이 힘들 때면 저녁 모임이나 파티 약속을 취소하기도 한다. 당신은 다른 사람들에게 불참 이유를 정확히 설명하지 못한다. 사람들은 당신이 저녁 약속을 취소하는 이유나 당신이 때때로 멀게 느껴지는 이유를 짐작만 하게 된다. 다른 사람들은 당신이 그들에게 관심이 없다고 생각하기 쉽고, 이로 인해 사회적 네트워크가 흔들릴 수 있다.

증상이 심해짐. 당신의 생각은 외부 세계에서 일을 만들어내지는 않지만, 내면에서 불안의 육체적·감정적 증상을 만들 수 있다. 공공장소에서 얼굴을 붉히거나 땀을 흘리는 것에 대하여 걱정을 많이 하는 (그리고 그 두려움을 비밀로 하는) 사람은 그러지 않으려고 너무 노력하기 때문에 증상이 더 많이 나타난다. 이와 비슷하게, 발표하는 동안에 목소리가 갈라지는 것을 걱정하는 사람은 그 증상을 경험할 확률이 높을 것이다.

걱정을 비밀로 유지하는 데서 비롯되는 부작용은 위와 같다. 당신은 자신의 걱정을 비밀로 함으로써 다른 사람들을 속이고 있다고 믿지만, 사실은 오직 한 사람만 기만당하는 셈이다. 바로 당신이다. 걱정을 비밀로 함으로써 당신은 자신이 끔찍하고 수치스럽고 해결할 수 없는 문제를 갖고 있으며, 누군가 그에 대해 알게 되면 당신을 좋아하거나 존경하지 않을 것이라고 믿게 된다.

적어도 당신을 진정으로 아끼는 몇몇 사람들에게는 당신이 걱정과 싸우고 있다는 것을 드러내는 것이 좋다. 상대가 그 고백을 듣고 당혹감을 느끼더라도 당혹감은 빨리 지나간다. 반면에 비밀로 하고 있으면 그로 인한 부작용이 일생 동안 지속될 수 있다. 비밀유지를 끝장냄으로써 당신은 상당히 큰 혜택을 받을 수 있다.

내가 이렇게 제안하면 대개 "나는 이 문제에 대하여 어느 누구에게도 말하고 싶지 않다. 이것은 남들이 상관할 바가 아니다"라고 말한다.

맞다. 당신의 걱정은 아무의 소관도 아닌 당신 자신의 문제다.

다른 사람과 상의하는 유일한 이유는, 걱정을 줄이고, 하고자 하는 일을 마음 편하게 하면서 살 수 있기 때문이다. 그것은 당신의 소관이지 남들이 상관할 바는 아니다.

선택은 당신의 몫이다. 결정을 내릴 때 손익 분석을 해보는 것이 좋다.

일단 폭로로 결정했다면, 다음에 제시하는 몇 가지 조언을 참고하기 바란다.

비밀을 털어놓을 때 고려해야 할 것

자신에게 매우 중요한 사람과 함께 시작한다. 당신 편을 들어줄 사람, 당신의 말을 듣고 이해하며 도움을 주려고 하는 사람을 골라보라.

알맞은 때를 고른다. 전화 통화나 다른 대화 말미에 얘기를 꺼내지 말라. 우연히 이루어지기를 바라지도 말라. 그 사람에게 뭔가 상의하고 싶다고 말하고 시간과 장소를 물어봐라. 15~30분이면 충분할 것이다. 그 사람은 당신이 무슨 얘기를 하려고 하는지 궁금해하겠지만, 그 시간이 될 때까지 얘기하지 말라. 그 사람에게 돈을 빌리려고 하는 것은 아니라고 안심시킬 수는 있다.

요점만 말한다. 둘러서 말하지 말고, 처음 몇 분간 잡담을 하지도 말라. 다음의 예에서 시사하는 것처럼 바로 요점으로 들어가라.

시간을 내주어서 고맙다. 내가 상의하고 싶은 것은 그간 마음에 쭉 담아 왔던 한 가지 문제다. 나는 걱정을 많이 한다. 누구나 다 걱정한다는 것은 알지만, 보통 사람들보다 내 경우는 더 큰 문제가 된다고 생각한다.

나는 실제로 일어나지 않는 일에 대하여 많이 생각하고 걱정한다. (그런 일이 실제로 발생할 경우에도 내가 예상한 만큼 나쁘지는 않다.) 걱정이 내 마음을 점령하고 있어서 정작 생각해야 하는 것들에 대해서는 제대로 하지 못한다. 이 문제를 거론하는 것은 약간 당혹스럽지만, 내가 그것을 숨기고 머릿속에 가둬놓는다면 상황이 더 악화될 것이라고 생각한다. 나는 온갖 것들에 대해 걱정하고, 걱정을 쉽게 털어버리지 못한다.

이어서 당신이 걱정 때문에 골치 썩는 현실을 간단히 묘사한다. 걱정으로 인해 심란해서 잠도 못 자는 등 당신이 처한 문제를 설명한다. 상대방에게 위안을 받고 싶어 말을 꺼냈다면, 당신이 걱정으로 인해 힘들어하는 면을 제대로 묘사해주어라.

내가 왜 이 얘기를 하는지 궁금할 것이다. 이렇게 털어놓음으로써 걱정을 내 가슴에서 털어내고 또 이 문제를 비밀로 해두지 않기 위해서다. 걱정 문제를 비밀로 하는 것은 내게 더 큰 문제를 야기하는 것 같다.

내가 당신에게 이 문제에 대하여 얘기했으니까, 이제 당신이 나를 위해 해줄 것과 하지 말아야 할 것이 몇 가지 있다.

당신의 걱정과 관련해 무엇이 도움이 되고 안 되는지를 사람들에게 알려주면 앞으로 큰 도움이 된다. 다른 사람들이 어떻게 하면 당신에게 도움이 되는지 저절로 알지는 못한다. 당신은 그것을 설명해야 한다.

비밀을 공유한 사람에게 부탁해야 할 것

나에게 "기분이 어때? 지금 걱정하고 있어?"라고 묻지 말기 바란다. 뭔가 얘기하고 싶으면 내가 얘기를 꺼낼 것이다. 당신이 얘기를 시작하지 않았으면 좋겠다.

나를 안심시키려고 노력하는 것은 좋은 방법이 아니다. 나는 이 문제가 나뿐 아니라 당신에게도 골칫거리가 되겠다고 '확신'하게 될 것이다. 나는 불확실성을 더 잘 다뤄야만 한다. 나를 안심시키려면 막연하게 괜찮을 것이라고 말하지 마라. "내가 아는 한" 또는 "어떤 일도 일어날 수 있지만, 그래도 가능성이 높은 것은 …"과 같은 현실적인 부정적 조건을 달아라. 나는 미래에 일어날 어떤 일도 확실하지 않다는 것을 알기 때문에 거기에 익숙해져야만 한다.

만약 내가 당신에게 위안 받고 싶어 하는 것처럼 보이면, 당신이 그 점을 지적해주고("내가 당신을 안심시켜 주기를 바라는 것 같은데, 그것이 정말 당신이 원하는 것인가?"), 내 마음을 바꿀 기회를 주기 바란다.

이 얘기를 어느 누구에게도 하지 마라. 다른 사람에게 알리고 싶으면 내가 직접 말할 것이다.

내게 도움을 주려고 너무 애쓰지 마라. 당신에게 원하는 것이 있을 때는 내가 직접 요청할 것이다. 만약 당신에게 정말로 좋은 생각이 있다면 먼저 나에게 물어봐라. 내게 묻지 않고 먼저 무엇을 하지는 말아라.

당신 삶에서 중요하고 도움이 되는 사람에게 이런 대화를 시도해보라. 그리고 일이 어떻게 진행되는지, 효과가 어떤지 평가해보라. 그 결과가 적어도 중립적이거나 또는 긍정적이면, 당신은 이로써 걱정을 비밀로 하려는 습관을 깨뜨리기 시작할 것이다.

이제 당신 자신에게
너그러워져야 할 때

만성적 걱정과의 관계를 바꾸려고 노력할 때 더 큰 도움을 받을 수 있는 또 다른 사람이 있다. 바로 당신이다.

만성적 걱정과 싸워온 사람들은 스스로에게 너무 비판적이라서 스스로를 더 힘들게 만든다. 그들은 걱정이 너무 많은 자신에게 큰 잘못이라도 있는 양 스스로를 비난한다. 그들은 자신에게 칭찬은 거의 하지 않고 너무 쉽게 비난을 한다.

그들은 다른 사람의 문제를 잘 이해하고 도움을 주는 사람들이다. 적어도 비판하지 않고 중립적으로 얘기를 들어주는 사람들이다. 그런데 자기 자신에게는 도움을 주려고 하지 않는다. 내담자들이 내게 와서 하는 얘기를 들어보면, 그들이 얼마나 자신에 대해 부정적인지 정말 놀랍다.

그들은 다른 사람들을 돕는 방법을 알고 있지만, 이 능력을 자기 자신에 대해서는 사용하지 않는다. 왜 그럴까?

나는 그들 내부에 어떤 목격자도 없기 때문이라고 생각한다. 생각이 너무 자동적으로 일어나서 자신의 비판적 생각을 알아채지도 못한다.

당신에게도 이런 경향이 있는가? 당신 자신에 대한 비판적인 생각을 일주일 정도 추적해보라. 얼마나 자주 내면에서 스스로에게 거친 비난을 하는지 수첩에 기록해보라. 이때 그 생각과 다투지 말고 그저 관찰하고 좀 쉬었다가 "아 그래, 내가 또다시 그러는구나"라고 말해보라.

13장

수면과 건강이
걱정이라면

이 장에서는 걱정에 관한 두 가지 특수한 영역, 즉 수면과 건강을 살펴볼 것이다. 실제로 걱정은 이 두 가지에 대한 두려움에서 비롯된다. 사람들은 수면 장애와 불면증에 대해 걱정하고, 아프지 않을 때 질병에 대하여 걱정한다.

이런 걱정은 흔히 특정 반응과 긴밀히 연결돼 있다. 나는 그 반응이 문제를 어떻게 악화시키는지 설명한 뒤에 문제를 풀어나가는 데 도움이 되는 새로운 대응 방식을 제시할 것이다. 이 두 가지 걱정 중 어느 하나에도 시달리지 않는다면 이 장을 건너뛰어도 된다. 그렇지만 이 장은 사람들의 행동이 걱정에 의해 어떻게 변하는지를 설명하고 있기 때문에 읽어두면 도움이 될 것이다.

'오늘 밤에도
충분히 못 자면 어쩌지?'

제이 씨는 요새 스트레스가 많다. 그는 최근 일생의 기회로 보이는 새 일자리를 얻었다. 최근에 아버지가 되어 새로운 업무와 아버지 역할을 모두 잘 해낼 수 있을까 염려했지만 처음 6개월 동안은 일이 잘 풀려나갔다.

그러던 어느 날 밤, 그는 뚜렷한 이유 없이 새벽 2시에 불안해하면서 잠에서 깼다. 보통 때보다 심장 박동이 빨랐고 불안감을 느꼈다. 불쾌한 꿈을 꾸었다고 생각했지만 자세한 내용을 기억할 수 없었다. 자리에 누워 다시 잠들려고 노력했지만 잠이 오지 않았다. 일어나서 화장실에 갔다가 물 한잔을 마시고 이메일을 체크한 뒤 침대에 다시 누웠다. 그러나 잠들지 못했다. 옆에서 아내가 쿨쿨 자는 모습을 보니 은근히 화가 났다. 아내의 숨소리 때문에 잠들 수 없었다. 그는 규칙적으로 시계를 보며 바로 잠이 들면 얼마나 잘 수 있을까 헤아려보았다. 그런 생각 때문인지 더욱 더 잠들기 어려웠다. 그러다 새벽 5시경에 잠깐 잠이 들었지만 아들이 우는 소리에 곧 깨어났다. 이런 일이 사흘간 계속되었다.

하루 이틀은 그냥저냥 넘어갔는데 사흘째 출근길은 몹시 피곤했다. 낮 시간은 별 문제없이 지나갔다. 퇴근길에 '오늘 밤에는 말썽 없이 잠들고 싶어'라는 생각이 들었다. 이 생각이 그를 괴롭혔다. 심장이 약간 빨리 뛰는 것을 느낄 수 있었고, 숨이 다소 가빠졌다. 그러자 '오늘 밤도 잘 못 자면 어떡하지?'라는 데 생각이 미쳤고, 수면 부족으로 인해 업무를 그르치는 자신의 모습을 상상하게 되었다.

집으로 오면서 숙면을 취하기 위해 무엇을 할 수 있을지를 생각했다. 몇 가지 생각이 떠올랐다. 침대에 눕기 전에 코코아 한 잔을 마시거나, 범죄 드라마를 보지 않거나, 재미없는 책을 읽거나, 일찍 잠자리에 들거나.

제이는 저녁 내내 잠에 대해 걱정했다. 그는 평소보다 한 시간 일찍 잠자리에 들었지만 일찍 잠이 들지 않았다. 그는 긴장한 채 그냥 침대에 누워 있었다. 그러다 걱정이 돼서 일어나 거실로 나왔다. 거실에서 토크쇼를 보면서 잠들기를 바랐다. 그는 텔레비전을 보다가 잠이 들었지만 두어 시간 뒤에 잠에서 깼다. 텔레비전은 켜져 있었다. 침실로 돌아가는 '모험'을 해야 할지 아니면 거실에 그냥 있어야 할지를 고민했다. 그러다 침실로 갔지만 몇 분 동안 불안해하다 거실로 다시 나와 아침까지 잤다.

출근길 몸과 마음이 무거웠다. 맡은 일을 처리하지 못할 정도로 집중력이 떨어지는 게 아닌가 생각했다. 그래서 평소보다 커피 한 잔을 더 마셨다. 집을 나서기 전에 제이는 스케줄표를 보고 취소할 수 있는 미팅이나 일정이 있는지 확인했다. 취소할 수 있는 일정은 아무것도 없었다. 일정표를 보다 보니 '오늘 밤에도 잠 못 들면 어떡하지?'라는 생각이 또다시 떠올랐다.

제이는 별 사고 없이 그날 업무를 끝냈다. 퇴근길에 잠을 잘 잘 수 있는 전략이 더 없나 생각해보았다. 그래서 체육관에 들러 피곤에 지칠 때까지 운동을 했다. 초콜릿이 잠을 방해할 수도 있다고 읽은 기억이 나 그날 밤에 우유 한 잔을 마시고 일찍 침대로 갔다. 손수건을 눈에 덮고, 귀마개를 귀에 꽂았다. 그리고 새벽 2시에 잠에서 깨는 생각을 하지 않으려고 노력했다. 이날은 일찍 잠이 들었다.

그런데 새벽 2시가 되자 또 잠이 깼다. 소파에서 자보려고 아래층으로 내려갔다. 다음 며칠 동안 그는 침대 대신에 소파에서 잠을 잤다. 소파에서는 잠들려고 애쓰지 않아도 텔레비전을 보면서 쉽게 잠들 수 있었다. 위층 침실로 돌아갈 때마다 그는 잠들지 못하는 것에 대해 걱정했고, 실제로 잠들지 못했다. 그는 일주일 동안 우유 한 잔을 찬 맥주 한 잔으로 바꿔보다가 결국 아내가 설득해 의사를 만나러 갔다. 의사는 약간의 수면제를 처방해주었다. 그는 일주일 정도 수면제를 복용했지만, 아침에 정신이 혼미한 느낌이 싫었다. 그래서 수면제 복용을 중지했다.

제이가 겪은 잠에 대한 걱정은 많은 사람들이 전형적으로 경험하는 것이다. 그들은 뚜렷한 이유 없이 밤에 잠들지 못하거나 중간에 깨곤 한다. 불면증이 걱정되어 여러 가지 방법으로 극복해보려고 노력한다. 그런데 시도하는 방법이 모두 수면을 투쟁이나 성취처럼 취급하는 통에 수면을 더 어렵게 하고 걱정만 커지게 한다. 수면에 관한 걱정은 '반대 규칙'의 고전적 본보기이다. 사람들은 쉽게 잠들기를 바라면서도 실제로 수면을 더 어렵게 만드는 방식으로 대응하고 있다.

숙면과
오르가슴의 조건

우리는 잠들기 위해 무엇을 하는가? 수면은 우리가 성사시키는 일이 아니라 '허용하는' 것이다. 어떻게? 잠을 방해하지 않는 조용하고 안락하고 어두운 공간을 만든다. 그리고 누워서 약간 시간을 들여 일상의 걱정과 활동에서 '벗어나려고' 노력한다.

잠드는 것은 노력에 잘 반응하지 않는 활동이기 때문에, '수면 노력'은 일종의 모순이다. 당신이 좋아하는 음식을 생각해보라. 이 음식을 먹을 때 당신은 이와 입술을 어떻게 움직이는지 얼마나 세심하게 살피는가? 그 음식에서 맛과 즐거움을 더 느끼고 싶다고 얼마나 자신을 독려하는가? 맛과 즐거움을 느끼려고 잘하고 있는지 얼마나 자주 스스로를 체크하는가? 아마도 그렇게 자주 하지 않을 것이다. 대신에 적당한 밥그릇을 들고 적당한 자리에 앉아 마실 것을 고른 뒤, 음식을 입에 넣고 먹는 즐거움을 자연스럽게 느끼려 할 것이다. 같은 음식이라도 먹을 때마다 조금씩 맛이 다를 것이다. 하지만 요리 경연 프로그램의 심사자가 아니라면 음식에 점수를 매기지는 않을 것이다.

우리가 하는 활동은 대개 노력을 하면 그만큼 보상을 받는다. 개에게 소파에서 떨어져 있으라고 끈질기게 가르칠수록 개는 더 잘 따를 것이다. 운동을 더 많이 할수록 내 체격과 근육은 더욱 더 좋아질 것이다.

수면은 그런 것들과 다르다. 수면 활동은 음식 맛을 음미하거나 오르가슴을 느끼는 것과 비슷하게 단순 이완에 더 가깝다. 알맞은 조건을 만들고, 단순한 몇 단계를 거친 뒤, 그 결과를 즐기면 된다. 그것은 투쟁해서 얻어내는 것이 아니다.

편안한 수면을 위한 침실 준비

수면 심리학자들이 말하는 '수면 위생'이란 무엇인가? 잠자는 데 도움 되는 좋은 환경과 일상을 만드는 것이다. 이것은 수면 또는 섹스를 위해 침대와 침실을 준비해두는 것을 의미한다. 그 외 아무 것도 필요 없다.

침실에 텔레비전은 없어야 한다. 있으면 밖으로 들어내야 한다. 전화나 노트북 등 기기를 모두 꺼내서 거실에 놓아둬야 한다. 침실에서 무언가 기분전환할 것이 필요하다면 책 한 권이면 족하다.

탁상시계는 앞면이 벽을 향하도록 돌려놓을 것. 사람들은 수면에 곤란을 겪을 때 흔히 시간을 체크하고, 수면이 마치 시간 재는 운동인 것처럼 지금 바로 잠들면 얼마나 잘 수 있는지 계산한다. 그것은 절대 수면에 도움이 안 된다! 아직도 손목시계를 차고 있다고? 시계는 끌러서 손이 닿지 않는 곳에 놓아둘 것. 자명종 시계 대신에 휴대전화를 사용한다면 자명종 시계를 구입하는 것이 좋다. 휴대전화를 음성 소거 상태로 해놓아도 플래시가 작동해서 주의를 끌 것이다.

수면은 외부 세계로부터 손을 놓기 위한 것이며, 따라서 침실을 거기에 맞춰 준비하는 것이 좋다.

취침 전에 해야 할 일

잠자기 준비를 해보는 것은 어떤가? 몇 가지 지침이 있다. 잠자리에 들기 전 최소 30분 동안 인터넷과 휴대전화를 꺼놓을 것. 다른 방에서 독서(절대 살인 미스터리물은 안 됨!)나 텔레비전을 보면서 잠 잘 준비를 해볼 것. 너무 집중을 요하거나 자극적이지 않은 프로그램(토크쇼가 이런 목적으로 방영된다)을 골라야 한다.

저녁 간식은 멀리할 것. 카페인에 민감하다면 아침 이후에는 카페인 음료를 절대 마시지 말아야 한다. 필요하다고 생각되는 수면양을 채울 수 있는 시간대에 침대로 갈 것. 잘 자려고 필요 이상으로 일찍 잠자리에 들 필요는 없다. 그러면 몸을 뒤척이고 돌아눕는 데 시간을 더 소비하게 된다.

잠자리에 들기 전이나 바로 직후에 10장에서 다룬 복식호흡, 명상 같은 간단한 긴장 풀기 운동을 몇 분 하는 것이 좋다. 핵심은 단순하게 단계를 밟아나가고 일어날 것이 일어나도록 그저 따르는 것이다. 그러면 이완이 되고 긴장이 풀릴 수 있다. 그냥 일어나는 것들을 그대로 받아들이고, 절대 이완하기 위해 애쓰지 말아야 한다.

낮잠을 피할 것. 낮 시간에 잠을 자면 밤에 잠을 덜 자게 된다. 규칙적인 취침 시간을 정해서 지키도록 해야 한다.

오늘밤 당신은 얼마나 빨리 잠들 수 있을까? 우리는 이에 대해 정확히 알 수 없다. 요점은 수면을 위한 좋은 조건을 만들고 무엇이 일어나든 그대로 일어나게 두는 것이다.

새벽 2시에 깨는 사람을 위한 조언

잠에 대한 걱정은 보통 '충분히 잠자지 못하면 어떻게 하지?'라는 생각으로 나타난다. 이에 대한 대답은 '졸릴 것'이라는 것이다. 그것은 탈수 문제와 다르다. 수분을 충분히 섭취하지 못하면 수분 부족 상태를 해결해야만 한다. 내 몸은 자체에서 수분을 만들어내지 못하므로 물을 마셔야만 한다. 졸릴 때 내 몸은 잠을 자게 된다. 잠자기 위해 내가 해야 할 일은 잠이 들려고 노력하는 것이 아니라, 아무런 상관도 하지 않고 잠이 저절로 찾아오도록 허용하는 것이다.

수면 걱정에 대응하는 가장 좋은 방법은, 잠을 조절하는 것과 따로 분리시켜 그 걱정을 처리하는 것이다. 논쟁삼촌의 논평을 다루듯이 잠에 대한 걱정을 다루어보라. 그냥 걱정으로 대하고, 내용을 너무 심각하게 받아들이지 말고, 걱정을 잘 달래보라.

잠들기 어렵다면 무엇을 해야 하나? 침대에 몇 시간씩 누워 잠들려고 노력하지 말라. 30분 정도만 투자하라. 그 시간 안에 잠들지 못하면 그냥 일어나서 잠깐 다른 활동을 해보라.

어떤 활동이 좋을까? 잠들기 위해 독서로 긴장을 푼 경험이 있다면 그것을 해보라. 그러나 긴장을 풀려다가 실패한 역사가 있다면 그것은 다시 하지 마라. 대신 마루나 욕조 닦기 같은 불편하고 지루한 일을 20분 동안 해보라. 오늘 도우미가 집안 청소를 했다고? 상관 말라. 여기서 요점은 집을 깨끗이 하는 것이 아니라 당신을 졸리게 만드는 것이다. 좋아하는 텔레비전 시청이나 책 읽기는 수면보다 더 재미있어서 잠자기를 미루게 될 것이다. 한 20분 동안 재미가 덜한 일을 하고 잠자리로 돌아가보라. 20~30분이 지나도 여전히 깨어 있다면 그 과정을 필요한 만큼 반복해보라.

매일 밤 같은 시간에 잠이 깨는 사람들도 있다. 그것도 보통 새벽 2시와 같은 바람직하지 않은 시간에. 몇 번 그 시간에 잠이 깨면 '또 2시에 잠이 깨면 어떻게 하지?'라고 걱정하기 시작하고, 이것이 자기충족적 예언처럼 그대로 돼 버려 패턴이 되는 것 같다. 일찍 잠 깨는 것에 대해 미리 걱정하고, 실제로 일찍 잠에서 깨고, 걱정을 더 하게 되고, 또 일찍 깨고, 이런 악순환에 빠지게 된다.

이것은 만성적 걱정의 전형적인 예이다. 일찍 잠에서 깰지도 모른다는 걱정이 당신이 바라지 않는 결과를 만들어내는 것이다. 여기에 내가 유용하다고 생각하는 한 가지 치료법이 있다. 이 방법은 심약한 사람들에게는 별로 적합하지 않다.

새벽 2시에 깨는 습관을 갖고 있는 내담자들에게 나는 자명종 시계를 새벽 2시로 맞춰놓으라고 제안한다. 새벽 2시에 깨는 것이 습관이 되는 것은 그 시간에 깨지 않을까 하는 의혹과 불확실성 때문이다. 자명종 시계를 새벽 2시에 맞춰놓으면 그 시간에 깨지 않을까 하는 의혹은 더 이상 갖지 않게 된다. 알람 소리 때문에 새벽 2시에 잠에서 깰 것이기 때문이다.

이것은 문제를 변화시킨다. 이전에 그들은 새벽 2시에 깨지 않을까 하고 걱정했지만, 이제는 그 시간에 깰 것이라는 것을 안다. 그 사실을 알면 대처하는 방법을 결정할 수 있다. 흔히 다음과 같은 상황이 벌어진다. 사람들은 자명종 소리에 잠에서 깨고 왜 자명종이 울렸는지 궁금해 한다. 곧 내가 자명종을 그렇게 맞춰놓으라고 요청한 것을 기억해내고, 나에 대해 잠깐 생각한 뒤 자명종을 끄고 다시 잠으로 돌아간다. 가끔 자명종 시간보다 몇 분 일찍 깨서 자명종을 끄고 다시 잠들기도 한다.

이러한 설명을 듣고도 사람들은 자명종 시계를 2시에 맞춰놓는 것이 이상한 발상이라고 흔히들 생각한다. 새벽 2시에 깨고 싶어 하는 사람은 없으니 내 제안이 의아할 것이다. 하지만 이것은 직관에 반대되는 문제이며, 따라서 직관에 반대되는 해결책을 요구한다. 반직관적인 해결책이 필요할 때 당신은 언제나 '반대 규칙'으로 눈을 돌릴 수 있다. 새벽 2시에 자명종을 맞춰놓는 것은 완전히 반대 규칙을 적용하는 것이다.

더 누워 있어야 하나, 박차고 일어나야 하나

때때로 사람들은 이 문제의 이면을 경험하기도 한다. 아침에 일어나야 할 시간에 잠에서 깨서는 침대에 계속 누워 잠을 조금 더 자보려고 시도한다. 하지만 잠들지 못하고 그날 있을 일을 이것저 것 걱정한다. 어떤 때는 좀 더 눈을 붙여보려고 자명종을 조금 이른 시간으로 맞춰놓기도 한다.

이때는 누워 있지 마라! 아무것도 하지 않고 걱정만 하면서 누워 있는 동안에 큰 손해를 보게 돼 있다.

잠이 깼다면 침대에서 나오는 것이 좋다. 오늘 나쁜 일이 일어날지도 모른다고 생각하며 계속 누워 있는 것은 하루를 시작하는 좋은 방법이 아니다! 대신 잠자리에서 일어나 샤워하고 아침 먹고 오전 일과를 시작하라. 그날 일어날 일에 대한 생각은 잠깐 동안 미뤄놓아라.

15분가량 오전 일과를 마친 후 의자에 앉아 오늘 할 일을 몇 분 동안 생각해보라. 완전히 잠에서 깨어 앉아 있을 때 그날 하루에 대한 생각을 더 잘할 수 있다. 만약 아침에 걱정할 '필요가 있다'면 지금이 적절한 시간과 장소이다. 침대 속에서 걱정하는 습관을 갖고 있다면, 오전 일과 중 하나로 '걱정과의 약속'(10장 참조)을 잡아놓는 것이 좋은 대안이 될 수 있다.

병에 대한 걱정:
과도한 진료 혹은 검진 회피

병에 걸리거나 아플까 봐 하는 걱정은 만성적 걱정의 한 형태다. 이 경우는 자신이 병에 걸릴지도 모른다고 근심이 많다. 이런 걱정 때문에 과다하게 진료를 받기도 하고 이와 반대로 합리적인 건강 검진과 필요한 절차를 피하기도 한다. 여기서는 두 가지 반응을 모두 살필 것이다.

확인하고 또 확인해도

질병 걱정을 하는 사람들은 보통 암, 알츠하이머병, 에이즈, 다발성 경화증, 심장병 같은 정말로 심각하고 치명적인 병에 관심을 갖는다. 어떤 질환의 조짐이나 증상이 보이면 의사한테 가서 진찰을 받으면 된다.

의사는 증상을 듣고 진찰을 하고, 채혈이나 엑스선 사진, 정밀 촬영 등 몇몇 검사를 진행할 것이다. 어떤 경우에는 전문가와 상담을 할 수도 있다. 의사가 하는 일은 당신이 병에 걸렸는지 확인하고, 병에 걸렸다면 필요한 치료를 하는 것이다.

하지만 병에 걸릴지 모른다고 고질적으로 걱정하는 사람들에게는 까다로운 부분이 있다. 당신이 고질적인 질병 걱정을 갖고 있다면 두 가지 목적을 갖고 의사를 방문할 것이다. 먼저 자신이 병에 걸렸는지 아닌지에 대해 의사의 전문적 견해를 원한다. 만약 의사가 병에 걸렸다고 얘기하면, 의사의 처방을 듣고자 할 것이다. 반면에 의사가 병에 걸리지 않았다고 말하면, 의사의 진단이 백 퍼센트 정확한지 알고 싶을 것이다. 이것이 문제이다.

천하의 명의를 만나도 만족하지 못하는 경우

당신이 아무리 건강하고 또 의사가 아무리 노련하고 완벽하고 친절해도, 당신이 바라는 백 퍼센트 확신을 얻지 못할 것이다. 의사를 만나는 동안에는 그렇게 느낄지라도, 집에 도착할 때쯤 되면 아마도 모든 것이 미심쩍을 것이다.

건강을 많이 걱정하는 사람은 심장 상태가 위험하거나 위암에 걸릴까 봐 근심을 키울지도 모른다. 그런 사람은 심장 박동이 변하거나 위에서 이상한 느낌이 들거나 하면 바로 의사를 만나 상담하려 할 것이다.

그 사람은 병이 없다는 확신을 얻기를 바라면서 의사가 하는 말을 매우 주의 깊게 듣는다. 만약에 의사가 "현재 병의 징후를 전혀 발견할 수 없다"고 말하면 그 사람은 불만족스러워 할 것이다. 그런 말은 그 병이 미래에, 어쩌면 병원을 떠나자마자 나타날 가능성이 있다는 의미가 되기 때문이다.

그 사람이 의사에게 듣고 싶은 말은 "당신은 지금 병이 없고, 미래에도 절대 병에 걸리지 않으리라는 것을 보장합니다."와 같은 것이다. 이런 말은 정말 좋게 들릴 것이다. 그러나 머지않아 그 사람은 의문을 갖기 시작하고 곧 걱정으로 되돌아갈 것이다. "어떻게 의사는 그렇게 확신할 수 있을까?"

의사를 의심하고 미끼 삼키기

당신이 무서운 병에 걸렸는데 의사가 그것을 발견하지 못했을 것이라고 다시 걱정하게 될 때, 당신은 무엇을 하는가? 황소가 빨간 망토를 보고 돌진하는 것처럼 걱정을 덜기 위한 다양한 행동을 취할 것이다. 당신은 다시 의사를 찾을 것이다. 당신은 지난번 방문 때 의사가 중요한 세부 사항을 생략했거나 또는 충분히 강조하지 않았다는 생각을 가질지도 모른다. 아니면 병원 실험실에서 혈액 샘플에 이름을 잘못 붙여 검사 결과가 뒤바뀌었을지도 모른다고 생각한다. 그래서 의사에게 다시 검사해줄 것을 요청한다. 당신은 또 다른 의사를 찾아가 다른 검사를 하고 다른 의견을 들으려고 한다. 당신은 인터넷 검색을 한다. 친구와 가족에게 위안을 구한다. 그러나 당신이 아무리 열심히 노력한다고 하더라도 당신 어깨를 두드리며 '만약 ~면 어쩌지?'라고 말하는 논쟁삼촌이 있다.

백 퍼센트 확신을 얻고 싶어

치명적 질환에 관한 이 걱정은 너무 중요해서 백 퍼센트 확실함 없이는 그만둘 수 없는 것처럼 보인다. 하지만 아무리 중요한 주제라도 문제가 없다는 백 퍼센트 확신을 얻을 수는 없다. 당신이 백 퍼센트 확신을 얻으려 하면 할수록, 확신할 수 없다는 사실만 깨달을 것이다.

당신이 이런 상황에 처해 있다면, 그렇게 불안해할 필요가 없다. 당신은 누구도 확신을 주지 못해 불안해하는 것이다. 당신은 이미 의사의 소견을 듣는다는 첫 번째 목적은 달성했다. 백 퍼센트 확실함을 얻는다는 두 번째 목적을 달성하려는 데 묶여 있는 것이며, 그 목적은 달성할 수 없는 것이다.

발생할지도 모르는 어떤 질병이 생명을 위협해서 당신이 이 문제에 집중하는 것은 아니다. 미확진 질병보다 죽을 확률이 더 높은 일상 활동은 아주 많으며, 아마도 당신은 그런 것에 전혀 신경을 쓰지 않을 것이다. 건강에 대한 걱정이 당신을 매우 불편하게 만들기 때문에 그것에 매달려 있는 것이다. 그것은 위험이 아니라 불편함이다. 그것을 위험으로 대하면 더욱 더 통제하기 어렵다.

당신은 걱정하던 병에 걸리지 않았고 아주 건강하며 또 앞으로도 건강하리라고 완전히 확신하면서 만족스럽게 귀가하기를 바라는 것이다. 하지만 의사에게 가는 이유는 의사의 소견을 듣는 것이지 당신의 의견이나 생각을 바꾸는 것이 아니다. 당신은 의사의 소견을 듣기 위해 병원에 가는 것이다. 그 점을 분명히 하라.

지나치게 열심인 경비견 탓

어떤 사람들은 걱정과 함께 육체적 증상도 반복해서 나타나기 때문에 걱정에 함몰된다. 불안은 당신 머릿속에만 있는 것이 아니다. 당신은 불안을 몸에서도 경험한다. 불안의 전형적인 육체적 증상은 어지럼증이나 현기증, 심장 박동의 변화, 가슴, 어깨, 등, 목

근육의 긴장, 소화 불량 등이 있다. 모두 불안의 공통적인 증상이지만, 어떤 사람들은 그 증상이 질병 때문이 아니라 단지 불안해서 나타난다는 사실을 믿지 않으려 한다.

잠재적 질병을 걱정하고 근심을 떨치기 어려운 사람들은 자주 스스로에게 화를 낸다. 그들은 흔히 "내 탓이야!"라고 말하며, 스스로를 비난한다.

다른 사람 때문에 당신이 질병에 대해 걱정하고 불안으로 인해 여러 육체적 증상이 나타나는 것은 아니다. 걱정과 육체적 증상은 외부 원인 없이 당신의 몸과 마음속에서 일어나는 것이다. 하지만 그렇다고 이것이 '당신 탓'은 아니다. 걱정과 육체적 증상은 당신의 몸과 마음에서 일어나는 자연적이고 무의식적인 활동이며, 일상적으로 문제의 조짐을 살피고 관찰하는 과정의 일부인 것이다.

당신이 만성적으로 건강을 염려한다면, 지나치게 열심인 경비견을 갖고 있다는 것을 의미한다! 경비견은 수상한 사람을 보고 짖는다. 이것은 좋은 일이다. 하지만 경비견은 애들이 잔디에서 뛰거나 우체부가 우편물을 배달할 때도 짖는다. 이것은 너무 지나치다. 하지만 경비견을 탓할 수는 없다. 실제 위험이 있을 때만 짖고 그렇지 않으면 짖지 말라고 개에게 기대할 수 없지 않은가. 개가 당신을 성가시게 하려고 그러는 것이 아니다. 짖는 것이 개의 본성이기 때문이다.

이와 비슷하게, 문제의 조짐을 발견하고 그것을 방지하려고 노력하는 것은 우리 모두가 하는 일이다. 그것은 우리 본성의 일부이고, 때때로 자신이 바라는 것보다 더 많이 반응할 뿐이다. 그것이 문제지만, 그것은 당신 잘못이 아니다.

의사를 만나는 것 자체가 엄청나게 두려운 경우

질병에 대한 만성적 걱정에 다른 방식으로 대처하는 사람들이 있다. 이 사람들은 의사 만나는 것을 역병처럼 피한다. 이러한 패턴에 사로잡힌 사람들은 의사를 만나지 않고 몇 년을 보낸다. 그들은 50세 이후의 정기 대장 내시경 검사와 60세 시점의 대상포진 백신 주사 등과 같이 획기적 의학 발전의 산물인 의료 조치는 물론 연례 신체검사도 받지 않는다. 새 직장에서 흉부 엑스선 촬영을 요구하거나 긴급 상황 때문에 의료기관을 방문해야 하는 상황이 되면 이런 사람들은 위기감을 느낀다.

질병을 걱정하면서 왜 의사 만나는 것은 피하려고 할까? 여기에는 몇 가지 이유가 있다.

하나는, 의사에게 병 얘기를 들은 뒤 느낄 충격과 불안에 대하여 걱정하기 때문이다. 당신이 이와 같은 만성적 걱정을 갖고 있다면, 당신의 주된 관심은 의사가 진찰하거나 한숨을 쉬면서 "나쁜 소식이 있습니다."라고 말하는 가상적 순간이다.

이런 식으로 질병 걱정을 안고 사는 사람들은 자주 이 시나리오를 그린다. 그들은 나쁜 소식에 대한 상상에 너무 겁을 먹어, 어떻게 해서라도 그 가능성을 피해야 한다고 생각한다. 그것은 공황장애를 지닌 사람이 비행기나 만원 엘리베이터 같은 두려움이 엄습

하는 상황을 상상할 때 느끼는 예기적 공포와 유사하다.

화이트컬러 증후군

의사를 방문하면 으레 혈압을 측정한다. 어떤 사람들은 의사만큼이나 이것을 싫어하고 무서워한다. 그들은 혈압을 측정할 때가 되면 혈압이 올라가는 '백색 가운 증후군' 패턴을 갖고 있을지도 모른다. 이러한 예기적 반응이 매우 강해서 악순환에 빠지기도 한다. 그들은 혈압이 계속 상승하는 동안 간호사가 "이런, 혈압이 치솟는군요"라고 말하는 장면을 상상한다.

혈압 측정이나 의사 면담 등 진료 시 어떤 것에 대한 예기적 걱정을 경험하는 사람들은 대기실에서 자기 차례를 기다리는 것을 힘들어 한다. 이때가 '만약 ~면 어쩌지'라는 예기적 생각이 한창 떠오를 시간이기 때문이다. 탑승구까지 와서 바로 돌아서버리는 겁많은 비행기 승객처럼, 진료 대기실까지 와서 예기적 두려움이 너무 심해 대기실을 떠나는 사람이 있다.

걱정은 단지 걱정일 뿐

건강과 질병에 대한 만성적 걱정으로 불편해하는 사람들에게 걱정하는 내용이 건강과 질병이라는 사실은 별로 중요하지 않다. 6장의 걱정 문장 만들기로 돌아가서 생각해보라. 걱정 문장에서 그 내용은 거의 중요하지 않은 것으로 드러난다. 당신은 '만약 어떻게' 부분이 의미하는 바를 기억하는가?

그것은 '우리 ~인 척 가장합시다'를 의미한다. 가장 문장(암 또는 감기) 다음에 이어지는 말은 계속 가장이다! 당신은 계속 곱하기 영을 하고 있는 것이다.

걱정을 숨기지 마라

고질적인 질병 걱정과 싸우는 사람들은 의사를 만나면 그것을 부정하거나 숨기려고 한다. 당신은 어떤가? 이 문제로 방해받지 않기를 바라기 때문이기도 하고(당신은 아마도 '그것에 굴복하고' 싶지 않을 것이다) 당혹감 때문이기도 하다. 또 의사에게 걱정 때문에 골치 아프다고 인정하면, 당신이 말하는 모든 의학적 문제가 단순히 '걱정과 관련된 것'으로 치부돼 묵살되리라는 우려 때문이기도 하다.

하지만 당신이 걱정 문제를 가장하거나 부정하는 정도만큼 상황이 악화될 것이다. 질병에 대한 만성적 걱정을 지니고 있는 사람은 의사를 만날 때 두 가지 문제를 갖고 갈 것이다. 진찰받고 싶어 하는 증상과 아프지 않다는 것을 확실히 증명하려는 강렬한 소망. 만약 확실성 추구가 생활을 얼마나 복잡하게 만드는지를 인정하지 않고 단지 증상만 인정한다면, 환자와 의사 모두에게 바람직하지 않은 결과가 생긴다.

어떤 의사는 환자가 이상 없다는 진단에 만족하지 않는 것을 보고 검사를 계속하거나 전문가를 만나보라고 제안할 것이다. 그들은 만성적 걱정이 문제의 일부라는 것을 인식하지 못하거나 아니면 그 문제를 다루고 싶지 않아서 그렇게 한다. 이런 식으로 해서 당신은 많은 시간과 돈을 낭비할 수 있다! 또 아무리 많은 검사와 상담을 하더라도 당신이 찾는 완전한 안심을 얻지 못해 실망할 것이다. 사실 더 많은 검사를 할수록 더 많은 걱정 기회가 기다리고 있을 것이다.

병에 걸릴지도 모른다는 걱정을 달고 산다는 것을 의사에게 숨기면 의사와 환자의 관계가 매우 나빠질 것이다. 반면에 당신의 걱정을 인정하고 의사와 상의하면 의사와 더 만족스러운 관계가 이루어질 것이다.

14장

맺는 글:
걱정에는 뭔가
웃기는 구석이 있다

만성적 걱정은 싸워야 하는 불청객이나 질병이 아니다. 원치 않는 걱정스런 생각을 억누르고 그와 싸우려고 너무 열심히 노력할 때 마음속에 나타나는 일련의 반응이다. 투우사가 황소를 꼬여서 칼과 창으로 무장한 사람을 향해 돌진하도록 유인하듯이, 만성적 걱정은 당신을 꼬여서 그것을 심각하게 받아들이고 싸우게 만든다.

　투우사는 붉은 망토로 황소를 꼬이지만, 만성적 걱정은 '만약 ~ 면 어쩌지' 같은 말로 당신을 꼬인다.

　그 장난에 빠지면 당신은 논쟁삼촌과 다투게 되고, 파티를 즐기지 못하고 메스꺼움만 느끼게 된다. 논쟁삼촌과의 다툼을 완화시키는 최상의 방법은 재미있게 맞장구치는 것이다.

이것은 보기보다 그다지 어렵지 않다. 걱정에는 웃기는 점이 있기 때문이다.

나는 전국을 돌아다니며 정신건강 분야의 전문가 모임에서 걱정과 불안에 대한 워크숍을 자주 갖는다. 워크숍은 보통 큰 호텔에서 열린다. 워크숍을 하다 보면, 휴식 시간에 다른 워크숍 참석자들이 내가 있는 테이블로 와서 흥미롭다는 반응을 보인다. 사람들은 걱정이라는 회의 팻말을 보고 웃으면서 "오, 이 회의는 정말 써먹을 수 있을 것 같아"라고 얘기한다.

우울증, 정신분열증, 식이장애 회의 테이블에서는 아무도 그런 말을 하지 않는다. 걱정에는 재미있는 무엇이 있다. 우리 자신이 열려 있기만 하면 그것을 인지할 수 있고, 우리 자신과 걱정의 관계를 변화시킬 수 있다.

유머 없이 만성적 걱정에 대처하는 것은 국부 마취 없이 치아에 구멍을 뚫는 것과 같다. 꼭 해야 한다면 그렇게 할 수도 있다. 하지만 유머를 동반할 때 훨씬 더 쉽고 편안해진다.

심각한 질병 불안 때문에 나를 만나러 온 50대 후반의 한 내담자를 기억한다. 질병 불안은 끔찍한 질병을 극도로 무서워하는 상태를 가리킨다. 그런 사람들은 실제로 아프지 않을 때에도 항상 병의 징후를 찾으려 하고, 자주 그것을 찾았다고 두려워한다. 그 내담자는 첫 번째 진료 때 "평생 동안 젊어서 죽는 것이 두려웠어요"라고 얘기했다.

나는 그녀에게 "이제 젊어서 죽기에는 너무 늦었다"고 꼬집어 말했다. 그녀는 내 뺨을 갈기고 싶은 충동을 참고 정말로 크게 웃었다. 그리고 자신이 경험한 모든 걱정에 대하여 얘기해주었다. 이처럼 걱정에서 웃기는 점을 밖으로 끄집어냄으로써, 그녀는 자신이 느껴왔던 당혹감으로부터 멀어지고 또 '걱정의 속임수'를 더 직설적으로 다루게 되었다.

공황발작으로 나를 찾아온 또 다른 내담자도 떠오른다. 그녀는 대합실이나 백화점처럼 사람들 눈에 잘 띄는 곳에서 자주 공황발작을 경험했다. 그녀는 공황발작으로 자신이 다치는 것은 두려워하지 않았지만, 주위 사람들이 그녀를 '미친 사람처럼' 보고 놀랄까 봐 염려했다. 그녀의 가장 큰 걱정은 눈을 동그랗게 뜨고 머리카락이 쭈뼛하게 선 자신의 모습이었다.

나는 그녀에게 다음번 공황발작 시에 스스로를 관찰하라고 부탁했고, 그녀는 선뜻 승낙했다. 나는 그녀에게 노란 자와 손거울을 항상 몸에 지니고 다니면서 공황발작 시에 머리카락이 얼마나 높이 뻗치는지 재보라고 했다.

며칠 뒤 그녀는 병원 대기실에서 공황발작을 일으켰다. 그녀는 급히 나와 건물 로비로 향했다. 그리고 머리카락을 재야 한다는 생각이 나서 화장실로 들어가 거울 앞에 서서 노란 자를 꺼냈다. 그녀는 자를 두피에 대고 거울 속을 들여다보았다. 거울 속에는 머리에 노란색 자를 대고 있는 여자가 서 있었다. 그 장면을 보자 웃음이 터졌다. 머리칼 세우기 이벤트는 그렇게 끝났다.

이것은 '공포의 유머화'의 한 예이다. 공포와 다투기보다는 수용하는 것, 그리고 가능한 한 구체적으로 상황과 대면하는 것을 의미한다. 이것은 공포의 재미있는 부분이 나타날 수 있게 도와주고, 자신의 생각과 논쟁하고 바꾸려고 합리적으로 노력하는 것보다 훨씬 더 강력하다.

내 웹사이트에 유머러스한 노래가 올라와 있다고 말한 적이 있다. 한 곡을 소개한다. '폴섬 형무소(Folsom Prison)' 곡조에 맞춰 부른 노래다(원곡을 부른 조니 캐쉬에게 사과를!).

내가 숨을 죽일 때

심장이 달리기 시작하는 것을 느끼네

머리가 어지럽고

나는 죽음에 대해 생각하기 시작하지

아, 나는 미쳐버릴 것 같아

내 심장은 터져버릴 거야

사람들은 그런 일이 결코 일어나지 않았다고 말하네

하, 분명히 내가 첫 번째일 거야!

웹사이트 방문자들은 이 노래를 사랑한다. 왜 이 노래가 그렇게 재미있게 들릴까? 위 가사는 공황발작을 경험하는 사람들의 전형적 생각을 단순히 묘사하고 있을 뿐이다. 나는 여기에 별도의 농담이나 결정적 구절을 더하지 않았다. 하지만 공황발작으로 고생하고 노래 가사와 같은 생각을 자주 하는 사람들은 이 노래를 들으며 배꼽을 잡는다. 그들은 가사를 들으면서 걱정이 갖고 있는 웃기는 부분과 속임수를 더 쉽게 발견하고, 혐오와 실망이라는 반응에서 벗어나게 된다.

프로이트는 유머와 관련해 흥미 있는 관찰을 한 바 있다. 그는 유머가 여러 종류의 '성신적 에너지'를 저축하고 또 그것을 발산하는 데 도움이 된다고 시사했다. 그는 위험하게 보이는 것이 전혀 위험하지 않다는 것을 갑자기 깨달을 때 사람들이 '정신 에너지의 저축분'을 분노와 공포에 사용한다고 기술했다. 또 그간의 모든 생각이 불필요하다는 것을 깨달았을 때 그 생각에 투여한 정신 에너지를 방출한다고 설파했다. 웃음과 유머러스한 반응을 끌어내는 것은 불필요한 과민 반응과 투쟁-도주 반응 속에 가두어진 에너지인 것이다.[1]

내담자가 거울 속 자신과 노란색 자를 응시할 때 일어난 현상이 바로 이것이라고 나는 생각한다. 그 모든 과민 반응과 투쟁-도주 반응이 갑자기 오해인 것으로 드러났고, 그래서 그녀는 웃음을 터트린 것이다.

당신은 내가 이 책에서 제시한 어떤 문제나 실험을 보고 이미 웃음을 터트린 경험이 있을 것이다. 그런 적이 있다면 다행이다! 걱정에는 무언가 재미있는 면이 있다. 당신이 그 재미있는 부분을 접할 수 있으면 걱정과의 관계를 바꾸는 데 꽤 도움이 될 것이다.

걱정병을 갖고 있는 사람 자신이 재미와 유머를 발견할 때만 효과가 있다고 나는 서둘러 덧붙이려 한다. 그러니 걱정을 달고 사는 사람들의 친구와 가족들이여, 그들의 걱정에 대하여 앞장서서 농담을 할 수 있다고 생각하지 마시라!

이제 끝마칠 시간이다. 당신에게 이 책이 도움이 되었기를 바란다.

| 주 |

4장

1. Pittman, Catherine, and Elizabeth Karle. 2009. *Extinguishing Anxiety*. South Bend, Indiana: Foliadeux Press.

5장

1. Baer, Lee. 2001. *The Imp of the Mind*. New York: the Penguin Croup.
2. Hayes, Steven, Kirk Strosahl, and Kelly Wilson. 1999. *Acceptance and Commitment Therapy*. New York: The Guilford Press.
3. Hayes, Strosahl, and Wilson. 1999.
4. Weekes, Claire. 1962. *Hope and Help for Your Nerves*. New York: Penguin Books.

7장

1. Wegner, Daniel. 1989. *White Bears and Other Unwanted Thoughts*. New York: Viking Penguin.
2. Luoma, Jason, Steven Hayes, and Robyn Walser. 2007. *Learning ACT*. Oakland, CA: New Harbinger Publications. 57에서 인용.
3. Hayes, Steven, Kirk Strosahl, and Kelly Wilson. 1999. *Acceptance and Commitment Therapy*. New York: The Guilford Press.

14장

1. Freud, Sigmund. 1905/1990. *Jokes and Their Relation to the Unconscious*. New York: Norton.

옮긴이 **유숙열**

서강대학교 독문과를 졸업하고, 뉴욕시립대 대학원에서 여성학 석사학위를 취득했다. 〈페미니스트저널 이프〉의 창간 편집위원이자 〈문화일보〉 기자, 부장, 여성전문위원으로 일했다. 옮긴 책으로 《버자이너 모놀로그》, 《나는 감정이 있는 존재입니다》 등이 있다.

나는 왜 걱정이 많을까

초판 1쇄 발행 2016년 8월 25일
초판 3쇄 발행 2018년 5월 28일

지은이	데이비드 카보넬
옮긴이	유숙열
펴낸이	문채원
편집	이은미
디자인	이창욱
마케팅	박효정, 정승호, 전지훈

펴낸곳	도서출판 사우
출판	등록 2014-000017호
주소	서울시 양천구 목동동로 50, 1223-508
전화	02-2642-6420
팩스	0504-156-6085
전자우편	sawoopub@gmail.com

ISBN 979-11-87332-01-5 03180

이 도서의 국립중앙도서관 출판예정도서목록(CIP)은 서지정보유통지원시스템 홈페이지(http://seoji.nl.go.kr)와 국가자료공동목록시스템(http://www.nl.go.kr/kolisnet)에서 이용하실 수 있습니다.(CIP제어번호: 2016018272)